1단계A 완성 스케줄표

공부한 날		주	일	학습 내용
월	일	**1주**	도입	이번 주에는 무엇을 공부할까?
			1일	조건에 맞게 세어 보기
월	일		2일	순서와 위치
월	일		3일	없어진 수 찾기, 잘못 놓인 것 고치기
월	일		4일	하나 더 많거나 적은 수, 아무것도 없는 수
월	일		5일	크고 작은 수 비교하기
			특강 / 평가	창의·융합·코딩 / 누구나 100점 테스트
월	일	**2주**	도입	이번 주에는 무엇을 공부할까?
			1일	알맞은 모양 찾기
월	일		2일	모양 알아맞히기
월	일		3일	모양 만들기
월	일		4일	모으기와 가르기
월	일		5일	조건에 맞는 덧셈하기
			특강 / 평가	창의·융합·코딩 / 누구나 100점 테스트
월	일	**3주**	도입	이번 주에는 무엇을 공부할까?
			1일	조건에 맞는 뺄셈하기
월	일		2일	여러 가지 덧셈과 뺄셈
월	일		3일	길이 비교하는 방법
월	일		4일	키와 높이 비교하는 방법
월	일		5일	무게와 넓이 비교하는 방법
			특강 / 평가	창의·융합·코딩 / 누구나 100점 테스트
월	일	**4주**	도입	이번 주에는 무엇을 공부할까?
			1일	담을 수 있는 양 비교하는 방법
월	일		2일	십과 십몇 알아보기
월	일		3일	모으기와 가르기
월	일		4일	50까지의 수 알아보기
월	일		5일	조건을 만족하는 수 구하기
월	일		특강 / 평가	창의·융합·코딩 / 누구나 100점 테스트

공부한 날을 표시하고 하루하루 학습 내용을 살펴보세요.

Chunjae Makes Chunjae

▼

기획총괄	김안나
편집개발	김정희, 이근우, 장지현, 서진호, 한인숙,
	최수정, 김혜민, 박웅, 장효선
디자인총괄	김희정
표지디자인	윤순미, 안채리
내지디자인	박희춘, 이혜미
제작	황성진, 조규영

발행일	2020년 12월 15일 초판 2021년 12월 15일 2쇄
발행인	(주)천재교육
주소	서울시 금천구 가산로9길 54
신고번호	제2001-000018호
고객센터	1577-0902

똑 똑 한

하루
사고력

창의·융합·서술·코딩

초등
수학 **1A**
1학년 수준

구성 및 특장

어떤 문제가 주어지더라도 해결할 수 있는 능력,
이미 알고 있는 것을 바탕으로 새로운 것을 이해하는 능력
위와 같은 능력이 사고력입니다.

똑똑한 하루 사고력

개념 · 원리 길잡이

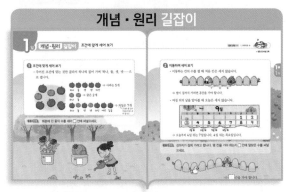

개념과 원리를 배우고 문제를 통해 익힙니다.

하루에 6쪽씩
하나의
주제로 학습합니다.

서술형 · 독해력 길잡이

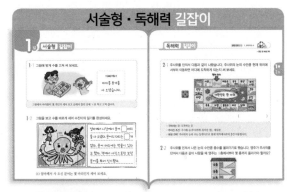

서술형 문제를 푸는 연습을 하고 긴 문제도 해석할 수 있는 독해력을 키웁니다.

사고력 · 코딩

한 주 동안 학습한 내용과 관련 있는 창의 · 융합 문제와 코딩 문제를 풀어 봅니다.

똑똑한 하루 사고력 특강과 테스트

한 주의 특강

특강 부분을 통해 더 다양한 사고력 문제를 풀어 봅니다.

누구나 100점 테스트

한 주 동안 공부한 내용으로 테스트합니다.

차례

1주

이번 주에는 무엇을 공부할까? — 4 쪽

1일 조건에 맞게 세어 보기 ——— 8 쪽
2일 순서와 위치 ——— 14 쪽
3일 없어진 수 찾기, 잘못 놓인 것 고치기 ——— 20 쪽
4일 하나 더 많거나 적은 수, 아무것도 없는 수 ——— 26 쪽
5일 크고 작은 수 비교하기 ——— 32 쪽
특강 창의·융합·코딩 ——— 38 쪽
누구나 100점 테스트 ——— 44 쪽

2주

이번 주에는 무엇을 공부할까? — 46 쪽

1일 알맞은 모양 찾기 ——— 50 쪽
2일 모양 알아맞히기 ——— 56 쪽
3일 모양 만들기 ——— 62 쪽
4일 모으기와 가르기 ——— 68 쪽
5일 조건에 맞는 덧셈하기 ——— 74 쪽
특강 창의·융합·코딩 ——— 80 쪽
누구나 100점 테스트 ——— 86 쪽

3주

이번 주에는 무엇을 공부할까? — 88 쪽

1일 조건에 맞는 뺄셈하기 ——— 92 쪽
2일 여러 가지 덧셈과 뺄셈 ——— 98 쪽
3일 길이 비교하는 방법 ——— 104 쪽
4일 키와 높이 비교하는 방법 ——— 110 쪽
5일 무게와 넓이 비교하는 방법 ——— 116 쪽
특강 창의·융합·코딩 ——— 122 쪽
누구나 100점 테스트 ——— 128 쪽

4주

이번 주에는 무엇을 공부할까? — 130 쪽

1일 담을 수 있는 양 비교하는 방법 ——— 134 쪽
2일 십과 십몇 알아보기 ——— 140 쪽
3일 모으기와 가르기 ——— 146 쪽
4일 50까지의 수 알아보기 ——— 152 쪽
5일 조건을 만족하는 수 구하기 ——— 158 쪽
특강 창의·융합·코딩 ——— 164 쪽
누구나 100점 테스트 ——— 170 쪽

만화로 미리 보기

달걀	수	읽기
	1	하나, 일
	2	둘, 이
	3	셋, 삼
	4	넷, 사
	5	다섯, 오

1	2	3	4	5
하나, 일	둘, 이	셋, 삼	넷, 사	다섯, 오

6	7	8	9
여섯, 육	일곱, 칠	여덟, 팔	아홉, 구

| 첫째 | 둘째 | 셋째 | 넷째 | 다섯째 | 여섯째 | 일곱째 | 여덟째 | 아홉째 |

 수를 셀 때 손으로 짚어 가며 '하나, 둘, 셋······'으로 하나씩 차례로 세어요.

순서를 나타낼 때에는 첫째, 둘째, 셋째······ 라고 해요.

확인 문제

1-1 수가 3인 것을 찾아 ○표 하세요.

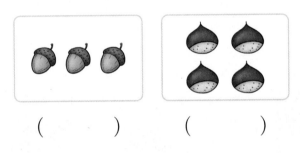

(   )   (   )

한번 더

1-2 수가 7인 것을 찾아 ○표 하세요.

(   )   (   )

2-1 □ 안에 알맞은 수를 써넣고, 순서에 알맞게 이어 보세요.

첫째   셋째   둘째   넷째

2-2 ○ 안에 알맞은 수를 써넣고, 순서에 알맞게 이어 보세요.

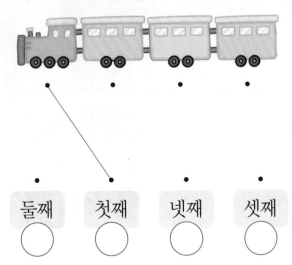

둘째   첫째   넷째   셋째

몇째를 색칠할 때에는 몇째에 해당하는 1개에만 색칠해요.

1만큼 더 작은 수 1만큼 더 큰 수

3 — 4 — 5

4 바로 앞의 수   4 바로 뒤의 수

1만큼 더 큰 수는 바로 뒤의 수, 1만큼 더 작은 수는 바로 앞의 수예요.

확인 문제

한번 더

3-1 알맞게 색칠하세요.

| 여섯 | ♡ ♡ ♡ ♡ ♡ ♡ ♡ ♡ ♡ |
| 여섯째 | ♡ ♡ ♡ ♡ ♡ ♡ ♡ ♡ ♡ |

3-2 알맞게 색칠하세요.

| 셋 | ♡ ♡ ♡ ♡ ♡ ♡ ♡ ♡ ♡ |
| 셋째 | ♡ ♡ ♡ ♡ ♡ ♡ ♡ ♡ ♡ |

4-1 ☐ 안에 알맞은 수를 써넣으세요.

1 2 3 4 5 6 7 8 9

(1) 7보다 1만큼 더 큰 수는 ☐ 입니다.

(2) 7보다 1만큼 더 작은 수는 ☐ 입니다.

4-2 ☐ 안에 알맞은 수를 써넣으세요.

(1) 5보다 1만큼 더 큰 수는 ☐ 입니다.

(2) 3보다 1만큼 더 작은 수는 ☐ 입니다.

(3) 8보다 1만큼 더 큰 수는 ☐ 입니다.

5-1 더 큰 수에 ○표, 더 작은 수에 △표 하세요.

| 5 | 8 |

5-2 더 큰 수에 ○표, 더 작은 수에 △표 하세요.

| 6 | 2 |

1 조건에 맞게 세어 보기

- 주어진 조건에 맞는 것만 골라서 하나씩 짚어 가며 '하나, 둘, 셋, 넷……으로 셉니다.

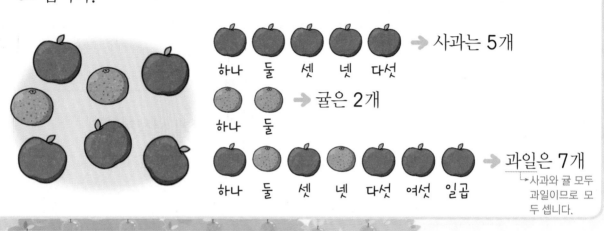

하나　둘　셋　넷　다섯 → 사과는 5개

하나　둘 → 귤은 2개

하나　둘　셋　넷　다섯　여섯　일곱 → 과일은 7개
└→ 사과와 귤 모두 과일이므로 모두 셉니다.

활동 문제　화분에 핀 꽃의 수를 세어 ☐ 안에 써넣으세요.

2 이동하며 세어 보기

• 이동하는 칸의 수를 셀 때 처음 칸은 세지 않습니다.

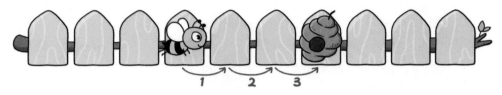

➡ 벌이 집까지 가려면 **3**칸을 가야 합니다.

• 며칠 뒤의 날을 알아볼 때 오늘은 세지 않습니다.

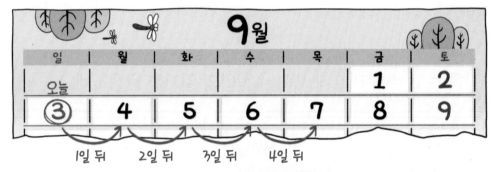

➡ 오늘부터 **4**일 뒤는 **7**일입니다. 4일 뒤는 목요일입니다.

활동 문제 강아지가 집에 가려고 합니다. 몇 칸을 가야 하는지 ☐ 안에 알맞은 수를 써넣으세요.

① ➡ ☐칸을 가야 합니다.

② ➡ ☐칸을 가야 합니다.

1-1 그림에 맞게 수를 고쳐 써 보세요.

아빠께서

마카롱 8개를

사 오셨습니다.

그림에서 마카롱이 몇 개인지 세어 보고 글에서 틀린 곳에 ✕표 하고 고쳐 씁니다.

1-2 그림을 보고 수를 바르게 세어 수진이의 일기를 완성하세요.

엄마께서 시장에서 문어 ☐ 마리를 사 오셨다. 문어의 다리는 ☐ 개였다. 문어 머리에는 먹물이 있다고 했다. 책에서 사진으로만 보던 문어를 봐서 신기했다.

(1) 엄마께서 사 오신 문어는 몇 마리인지 세어 보세요.

(   )

(2) 문어의 다리는 몇 개인지 세어 보세요.

(   )

(3) 그림 일기의 ☐ 안에 알맞은 수를 써넣으세요.

2-1 주사위를 던져서 다음과 같이 나왔습니다. 주사위의 눈의 수만큼 현재 위치에서부터 이동하면 어디에 도착하게 되는지 써 보세요.

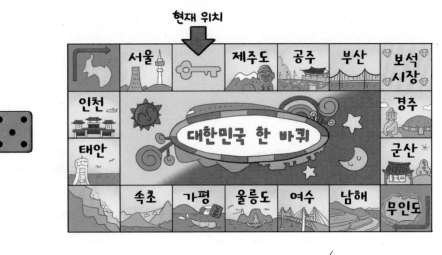

(   )

● 구하려는 것: 도착하는 곳
● 주어진 조건: 주사위의 눈(주사위에 새겨진 점), 게임판
● 해결 전략: 주사위의 눈의 수는 **5**개이므로 현재 위치에서부터 **5**칸 이동합니다.

2-2 주사위를 던져서 나온 눈의 수만큼 층수를 올라가기로 했습니다. 영주가 주사위를 던져서 다음과 같이 나왔을 때 영주는 **1**층에서부터 몇 층까지 올라가야 할까요?

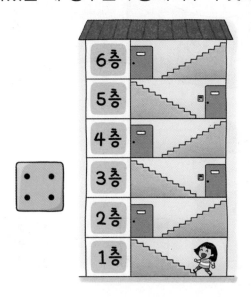

(   )

1 알맞은 주머니를 찾아 이어 보세요.

문제 해결

| 파란색 구슬이 | 구슬이 모두 | 노란색 구슬이 |
| 4개 들어 있어요. | 7개 들어 있어요. | 2개 들어 있어요. |

2 민지와 현서가 주사위 놀이를 하고 있습니다. 나온 주사위의 눈의 수만큼 현재 위치에서부터 움직일 때 각자 도착한 자리에 이름을 써 보세요.

창의 · 융합

움직이는 방향

민지   현서

3 친구들이 한 줄로 뛰고 있습니다. 물음에 답하세요.

문제 해결

(1) 희재 앞에 있는 친구는 몇 명인지 세어 보세요.

(   )

(2) 희재 뒤에 있는 친구는 몇 명인지 세어 보세요.

(   )

(3) 한 줄로 모두 몇 명이 뛰고 있는지 세어 보세요.

(   )

4 쿠키 6개를 상자에 담아 포장하려고 합니다. 포장을 하고 남는 쿠키는 몇 개인지 구해 보세요.

(   )

❶ 순서 알아보기

기준을 확인하고 첫째부터 차례로 세어 몇째를 찾을 수 있습니다.

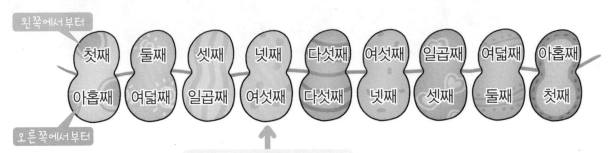

왼쪽에서부터
| 첫째 | 둘째 | 셋째 | 넷째 | 다섯째 | 여섯째 | 일곱째 | 여덟째 | 아홉째 |

오른쪽에서부터
| 아홉째 | 여덟째 | 일곱째 | 여섯째 | 다섯째 | 넷째 | 셋째 | 둘째 | 첫째 |

왼쪽에서부터는 넷째이고,
오른쪽에서부터는 여섯째입니다.

활동 문제 영준이가 팝콘을 사려고 줄을 서 있습니다. 영준이의 차례는 앞에서 셋째입니다. 영준이를 찾아 ○표 하세요.

첫째

2 위치 나타내기

→ ★은 위에서부터 둘째 줄, 왼쪽에서부터 다섯째 칸에 있습니다.

활동 문제 영준이와 친구들의 자리는 앞에서 셋째 줄, 왼쪽에서 둘째 자리부터 차례로 4자리입니다. 영준이와 친구들의 자리를 모두 찾아 ○표 하세요.

1-1 영후가 고른 장난감을 찾아 ☐ 안에 알맞게 써넣으세요.

영후가 고른 장난감을 찾고 장난감의 위치를 다르게 설명해 봅니다.

1-2 펼쳐진 카드에 그려진 모양과 같은 모양이거나 같은 숫자가 쓰인 카드를 그 위에 놓는 놀이를 하고 있습니다. 지금 낼 수 있는 카드의 위치를 설명해 보세요.

(1) ◆ 모양이 그려진 카드가 있으면 ○표 하세요.

(2) 5가 쓰인 카드가 있으면 ○표 하세요.

(3) ○표 한 카드의 위치를 설명해 보세요.

위에서 ☐째, 왼쪽에서 ☐째에 있습니다.

▶정답 및 해설 4쪽

1주
2일

2-1 선생님께서 오른쪽에서 셋째에 꽂힌 책을 가져오라고 하셨습니다. 책을 바르게 가져온 친구를 찾아 이름을 써 보세요.

(   )

- 구하려는 것: 책을 바르게 가져온 친구
- 주어진 조건: 책꽂이에 꽂힌 책, 오른쪽에서 셋째에 꽂힌 책을 가져오라고 하셨음.
- 해결 전략: 오른쪽에서 셋째에 꽂힌 책을 찾고, 몇 권을 가져가면 되는지 생각해 봅니다.

2-2 할머니께서 주신 사과는 몇 개인지 구해 보세요.

(   )

1 연주의 그림 일기를 보고 □ 안에 알맞게 써넣으세요.

| | 0월 0일 0요일 | | | | 날씨: 맑음 ☀ | | | | |

	오	늘		엄	마	와		책	장		정	리	를	
하	니			칸	이		비	었	다	.		윗	줄	
왼	쪽	에	서					칸	에	는		사	진	
액	자	를		넣	고	,		아	랫	줄		오	른	쪽
에	서				칸	에	는		미	술		시	간	
에		그	린		그	림	을		넣	어	야	겠	다	.

▶ 정답 및 해설 4쪽

2

추론

보기 와 같이 그림을 알맞게 그려 보세요.

보기

핫도그 **5**개가 한 줄로 놓여 있습니다. 오른쪽에서 넷째 핫도그에는 케첩이 뿌려져 있습니다.

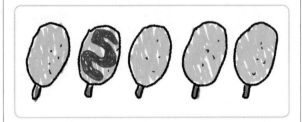

핫도그 **4**개가 한 줄로 놓여 있습니다. 왼쪽에서 셋째 핫도그에는 케첩이 뿌려져 있습니다.

3

문제 해결

이야기에 맞게 사람(⚲)을 그려 보고 줄을 서 있는 사람은 모두 몇 명인지 구해 보세요.

나는 앞에서 둘째, 뒤에서 넷째에 줄 서 있어요.

앞   뒤

(   )

1 없어진 수 찾기

수를 1부터 9까지 차례로 세어 보며 없어진 수를 찾습니다.

수를 하나씩 찾아보며 같은 색으로 색칠해 보면 없는 수는 4입니다.

활동 문제 수학 비밀일기 책이 1권부터 9권까지 나왔다고 합니다. 진열된 책 중에서 몇 권이 없는지 써 보세요.

→ ☐ 권이 없습니다.

2 잘못 놓인 것 고치기

수를 1부터 9까지 차례로 세어 보며 수의 순서가 틀린 곳을 찾고 어떤 수를 어디로 옮겨야 할지 생각해 봅니다.

①

3 다음의 수는 4이므로 **4**를 **3**과 **5** 사이로 옮겨야 합니다.

②

8은 7과 9 사이의 수이므로 **8**을 **7**과 **9** 사이로 옮겨야 합니다.

활동 문제   책을 번호 순서대로 꽂았습니다. 자리가 서로 바뀐 책을 찾아 ○표 하세요.

1-1 왼쪽 의자부터 수의 순서대로 풍선을 묶으려고 합니다. 어떤 풍선들을 바꿔 묶어야 하는지 써 보세요.

☐번과 ☐번 풍선을 바꿔 묶어야 합니다.

> 왼쪽 의자부터 수를 차례로 써 보고 잘못 묶인 풍선을 찾아봅니다.

1-2 친구들이 번호 순서대로 줄을 섰습니다. 잘못 선 친구 1명을 찾아 ○표 하고 알맞은 자리를 설명해 보세요.

(1) 잘못 선 친구 1명을 찾아 ○표 하세요.

(2) ○표 한 친구는 몇 번과 몇 번 사이에 서야 하는지 써 보세요.

☐번 친구는 ☐번 친구와 ☐번 친구 사이에 서야 합니다.

2-1 수 카드를 |부터 9까지 한 장씩 만들려고 합니다. 필요 없는 카드에는 ×표 하고, 빈 카드에는 알맞은 수를 써넣으세요.

- 구하려는 것: 필요 없는 카드와 빈 카드에 알맞은 수
- 주어진 조건: 수가 적힌 수 카드 9장과 빈 카드 한 장
- 해결 전략: ❶ 똑같은 카드를 찾아 한 장에 ×표 하기
　　　　　 ❷ |부터 수를 차례로 세어 보며 없는 수 카드를 찾아 빈 카드 채우기

2-2 어느 계산기 공장에서 나온 불량품입니다. 어색한 부분을 찾아 설명해 보세요.

없는 숫자가 있는지, 똑같은 숫자가 있는지 찾아보세요.

설명 계산기에 ☐ 버튼은 없고 ☐ 버튼은 2개 있습니다.

1 문제 해결

수의 순서에 맞게 매달아 놓은 종이가 떨어졌습니다. 떨어진 종이의 위치를 찾아 이어 보세요.

2 코딩

순서를 거꾸로 하여 9부터 1까지의 수를 이어 패턴을 풀어 보세요.

3 창의·융합 | 부터 9까지의 수 중에서 없는 수를 찾아 써 보세요.

없는 수

4 추론 도로명 주소는 마을 입구에서부터 수의 순서대로 길의 왼쪽과 오른쪽에 번갈아 가며 붙여집니다. 도로명 주소가 틀린 곳을 찾아 ×표 하고 바르게 고쳐 보세요.

개념·원리 길잡이

하나 더 많거나 적은 수, 아무것도 없는 수

1 하나 더 많거나 적은 수

- 하나 더 많은 수, 하나가 더 늘었을 때의 수를 구할 때는 1만큼 더 큰 수를 알아봅니다. 1만큼 더 큰 수는 수를 순서대로 썼을 때 바로 뒤의 수입니다.
- 하나 더 적은 수, 하나가 모자라는 수를 구할 때는 1만큼 더 작은 수를 알아봅니다. 1만큼 더 작은 수는 수를 순서대로 썼을 때 바로 앞의 수입니다.

활동 문제 에스컬레이터의 층별 안내판을 보고 ☐ 안에 알맞은 수를 써넣으세요.

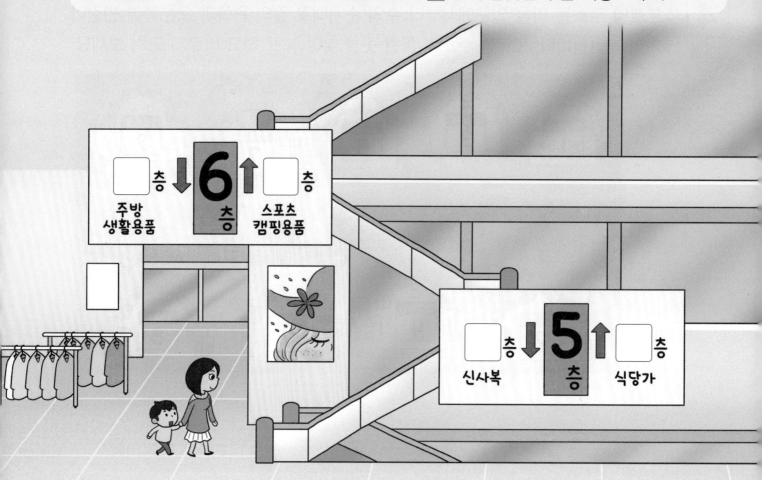

▶ 정답 및 해설 6쪽

2 0 알아보기

아무것도 없는 것을 수로 나타낼 때 0으로 씁니다.

1보다 1만큼 더 작으면 아무것도 없으므로 0입니다.

0 ← 1만큼 더 작은 수 — **1**

↳ 아무것도 없는 수

하나도 없을 때는
속이 빈 모양
0으로 쓰는구나!

활동 문제 치킨 매장에서 준비한 치킨 9마리가 모두 팔렸습니다. 남은 치킨은 몇 마리
인지 구해 보세요.

죄송합니다.
9마리 모두 팔렸어요.

남은 치킨

☐ 마리

1-1 저금통에 동전 Ⅰ개를 더 넣었습니다. 저금통의 동전은 모두 몇 개가 되는지 구해 보세요.

(   )

- Ⅰ개 더 넣었으므로 Ⅰ만큼 더 큰 수, 바로 뒤의 수를 알아봅니다.
- 저금통에 들어 있는 동전의 수의 바로 뒤의 수를 구합니다.

1-2 보람이가 색종이로 팽이를 만들고 있습니다. 팽이를 한 개 더 만들면 모두 몇 개가 되는지 구해 보세요.

(1) 지금까지 만든 팽이는 몇 개인지 구해 보세요.

(   )

(2) 팽이를 한 개 더 만들면 모두 몇 개가 되는지 구해 보세요.

(   )

▶ 정답 및 해설 6쪽

2-1 재민이와 도윤이가 가위바위보를 3번 했습니다. 재민이는 3번 이겼습니다. 도윤이는 몇 번 이겼는지 구해 보세요.

답 ☐ 번 이겼습니다.

● 구하려는 것: 도윤이가 이긴 횟수

● 주어진 조건: 가위바위보를 3번 했고, 재민이가 3번 이겼음.

● 해결 전략: 재민이가 3번 이기면 도윤이는 3번 졌습니다. 3번 중 3번 졌으면 이긴 적이 없습니다.

2-2 엘리베이터에 2명이 타고 있습니다. 2층에서 2명이 모두 내렸습니다. 엘리베이터에 타고 있는 사람 수는 몇 명인지 구해 보세요.

답 ☐ 명이 타고 있습니다.

2-3 희연이는 초콜릿 5개를 샀습니다. 초콜릿 5개를 모두 먹으면 남는 초콜릿은 몇 개인지 구해 보세요.

답 남는 초콜릿은 ☐ 개입니다.

1 나는 8살이고 형은 나보다 한 살이 더 많습니다. 형은 몇 살인지 구해 보세요.

문제 해결

(   )

2 호중이네 집은 2층입니다. 바로 아래층에 사는 친구 집에 가려고 합니다. 호중이가 눌러야 하는 버튼을 찾아 ○표 하세요.

창의 · 융합

3 나무에 잎이 1장만 남았습니다. 마지막 잎이 떨어지면 나무에 달린 잎은 몇 장이 되는지 구해 보세요.

추론

답 나무에 달린 잎은 [ ]장이 됩니다.

4 지은이의 일기를 읽고 도시락에 들어 있던 딸기는 몇 개인지 구해 보세요.

문제 해결

O월 O일 O요일	날씨: 맑음

	오	늘		소	풍	을		갔	다	.			
	엄	마	가		유	부	초	밥	과		딸	기	를
싸		주	셨	다	.		딸	기		8	개	를		넣
었	다	고		했	는	데		하	나	가		모	자	랐
다	.	내		딸	기		하	나	는		어	디	로	
간		걸	까	?										

(   )

1 두 수 비교하기

수를 순서대로 썼을 때 앞에 있을수록 작고, 뒤에 있을수록 큽니다.

예 3과 7의 크기 비교하기

> 7보다 앞에 있습니다.
> → 7보다 작습니다.

> 3보다 뒤에 있습니다.
> → 3보다 큽니다.

수가 작아집니다.

수가 커집니다.

➡ 3이 7보다 작습니다.
　 7이 3보다 큽니다.

활동 문제 　점수판을 보고 이기고 있는 쪽에 색칠해 보세요.

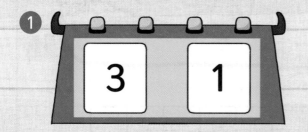

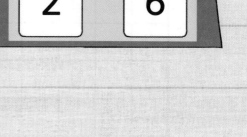

▶ 정답 및 해설 7쪽

2 **세 수 비교하기**

수를 순서대로 썼을 때 세 수의 자리를 알아보고 비교합니다.

예 2, 9, 5의 크기 비교하기

가장 앞에 있습니다.
➜ 가장 작습니다.

가장 뒤에 있습니다.
➜ 가장 큽니다.

수가 작아집니다.

수가 커집니다.

➜ 2가 가장 작고, 9가 가장 큽니다.

활동 문제 주사위 놀이를 하고 있습니다. 눈의 수가 가장 많이 나온 사람이 이기는 놀이입니다. 이긴 사람을 찾아 ○표 하세요.

1

2

1-1 비둘기는 3마리, 비둘기 집은 5개 있습니다. 비둘기의 수와 비둘기 집 수를 비교하려고 합니다. 보기 에서 알맞은 말을 찾아 써 보세요.

보기

| 많습니다 | 적습니다 | 큽니다 | 작습니다 |

• 3은 5보다 _____ .

• 5는 3보다 _____ .

• 비둘기는 비둘기 집보다 _____ .

• 비둘기 집은 비둘기보다 _____ .

● 3과 5의 수를 비교할 때는 ~은 ~보다 큽니다, ~은 ~보다 작습니다로 말합니다.
● 비둘기와 비둘기 집의 수를 비교할 때는 ~은 ~보다 많습니다, ~은 ~보다 적습니다로 말합니다.

1-2 그림을 보고 닭의 수와 달걀의 수를 비교하는 문장 2개를 쓰려고 합니다. 보기 에서 알맞게 골라 ☐ 안에 써넣으세요.

보기

| 5   7   닭   달걀   많습니다   작습니다 |

• ☐ 은/는 ☐ 보다 ☐ .

• ☐ 은/는 ☐ 보다 ☐ .

2-1 간식으로 빵과 우유를 나눠 주고 있습니다. 빵과 우유를 빨리 받으려면 1번 줄과 2번 줄 중에서 어느 줄에 서는 것이 좋을까요?

(   )

- 구하려는 것: 빵과 우유를 더 빨리 받을 수 있는 줄
- 주어진 조건: 1번 줄에는 6명이 서 있고, 2번 줄에는 3명이 서 있음.
- 해결 전략: ❶ 줄을 선 사람 수가 많을수록 빨리 받는지, 늦게 받는지 생각해 보기
            ❷ 줄을 선 사람의 수를 비교하기

2-2 그림과 같이 똑같은 젤리가 담긴 상자가 2개 있습니다. 두 상자의 값이 같을 때 어떤 상자를 사는 것이 더 좋을지 이야기 해 보세요.

같은 값이면······.

젤리가 [   ]개 담긴 상자를 사는 것이 더 좋습니다. 왜냐하면 _____

_____

다음 규칙에 따라 색칠해 보세요.

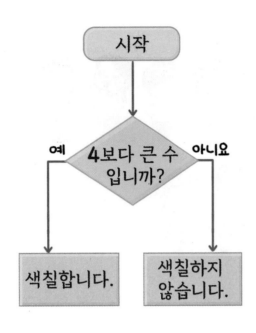

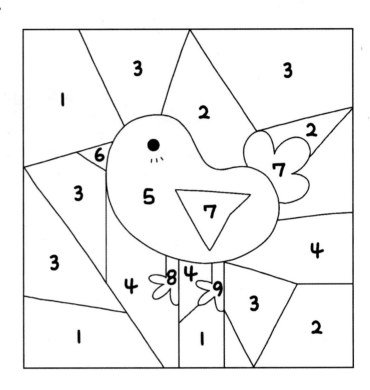

2 서우는 2층에 있습니다. 엘리베이터를 타고 7층에 가려고 합니다. 서우가 ,

 버튼 중 눌러야 하는 것에 ○표 하세요.

▶ 정답 및 해설 8쪽

3 추론

엽전으로 물건을 살 수 있는 시장에 갔습니다. 인형을 살 때 내야 하는 엽전의 수가 다음과 같을 때 가장 비싼 인형을 찾아 ○표 하세요.

4 문제 해결

진후는 3형제 중 둘째입니다. 진후네 가족 사진에서 진후를 찾아 ○표 하세요.

1 수의 순서대로 알맞게 써넣고 수수께끼를 풀어 보세요. 문제 해결

세상에서

1	2

3	4	5

6	7	8	9

답

2 낚싯줄과 관계있는 물고기를 찾아 모두 이어 보세요. 창의·융합

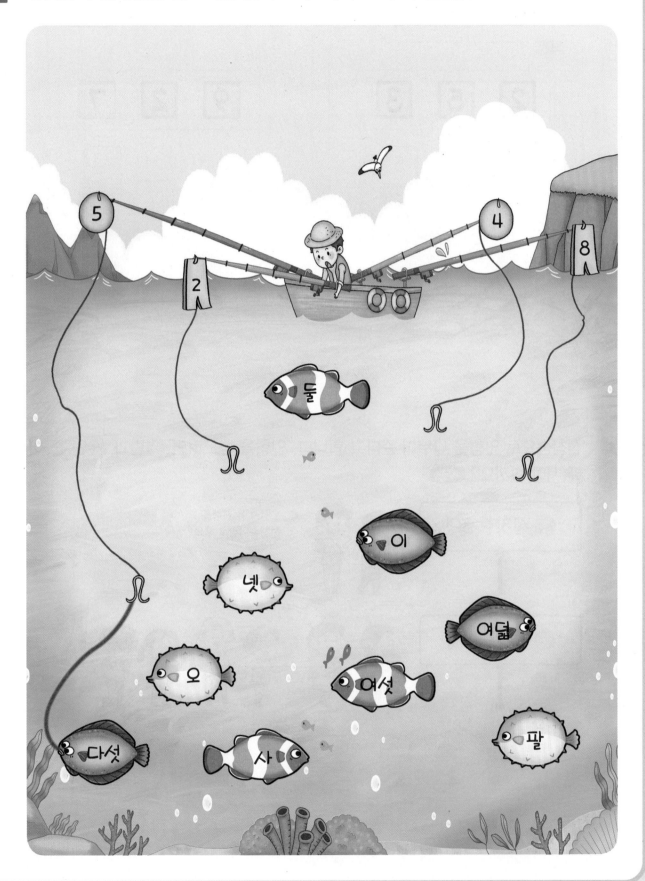

3 카드의 수를 한 번씩 모두 사용하여 보기 와 같이 계단의 위쪽으로 올라갈수록 점점 큰 수가 들어가게 하려고 합니다. ☐ 안에 알맞은 수를 써넣으세요. 문제 해결

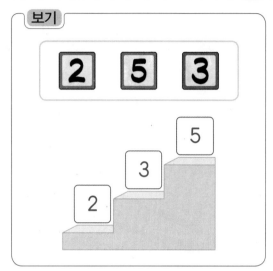

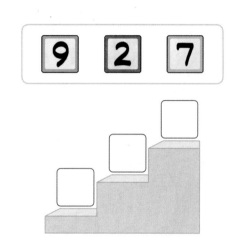

4 선착순으로 인형을 나누어 준다고 합니다. 인형을 받으려면 ❶번과 ❷번 중 어느 줄에 서야 할까요? 추론

(   )

5 성냥개비를 사용하여 다음과 같이 수를 만들 수 있습니다. 조건에 맞는 수를 각각 만들어 보세요. (추론)

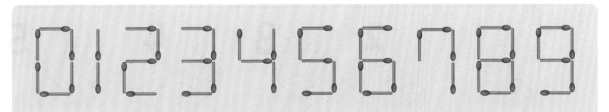

① 성냥개비 1개를 옮겨서 더 작은 수를 만들어 보세요.

각각의 수를 만드는 데 필요한 성냥개비의 수를 생각해 보세요.

② 성냥개비 1개를 옮겨서 더 큰 수를 만들어 보세요.

③ 성냥개비 1개를 옮겨서 더 작은 수와 더 큰 수를 각각 만들어 보세요.

 더 작은 수   더 큰 수

6 중국 사람들은 한 손으로 1부터 9까지의 수를 표현할 수 있다고 합니다. 치앤과 리시엔 중에서 누구의 나이가 더 많은지 구해 보세요. 창의·융합

너희는 몇 살이니?

치앤　　　리시엔

(　　　　　　　　　　)

7 작은 수부터 순서대로 카드를 늘어놓으려고 합니다. 보기 와 같이 카드 한 장을 옮겨 바르게 고쳐 보세요. 코딩

보기

2　5　4　　　8　1　3

8 각 상자의 규칙을 찾아 ◯ 안에 알맞은 수를 써넣으세요. 추론

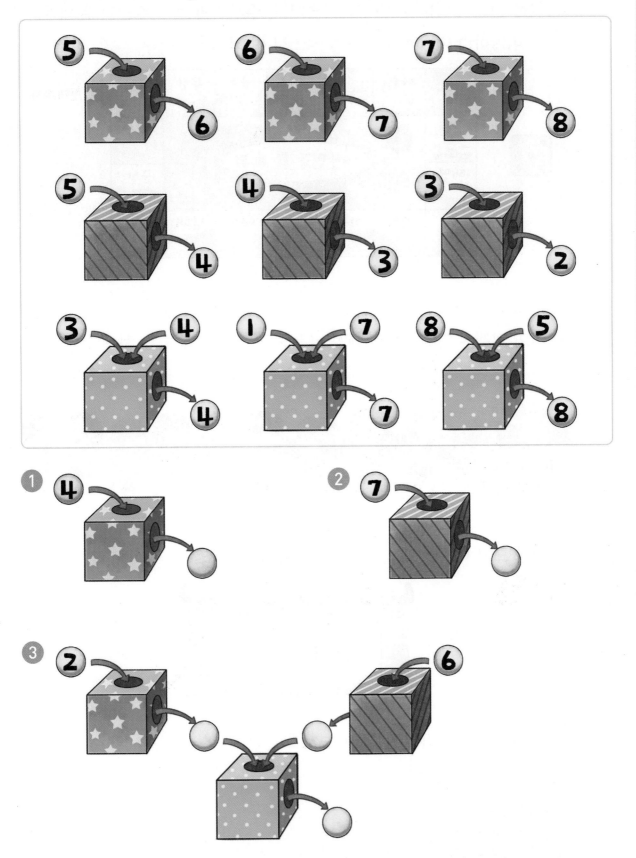

1 주사위를 던져서 다음과 같이 나왔습니다. 주사위의 눈의 수만큼 현재 위치에 서부터 이동하면 어디에 도착하게 되는지 써 보세요.

(   )

2 지연이의 차례는 앞에서 다섯째입니다. 지연이를 찾아 ○표 하세요.

3 점수판을 보고 이긴 선수의 점수판에 색칠해 보세요.

4 글을 읽고 그림을 알맞게 그려 보세요.

핫도그 7개가 한 줄로 놓여 있습니다. 오른쪽에 서 둘째 핫도그에는 케 첩이 뿌려져 있습니다.

5 수 카드를 1부터 9까지 한 장씩 만들려고 합니다. 필요 없는 카드에는 ×표 하고, 빈 카드에는 알맞은 수를 써넣으세요.

5	4	3	4	9
1	7	6	8	

6 나는 8살이고 내 동생은 나보다 1살이 더 적습니다. 내 동생은 몇 살인지 구해 보세요.

(   )

7 연주네 집은 5층입니다. 바로 위층에 사는 친구 집에 가려고 합니다. 연주가 눌러야 하는 버튼을 찾아 ○표 하세요.

8 그림을 보고 의자의 수와 학생들의 수를 비교하려고 합니다. 보기 에서 알맞게 골라 □ 안에 써넣으세요.

보기

4	의자
6	학생

• □은/는 □보다 큽니다.

• □은/는 □보다 적습니다.

만화로 미리 보기

우리 열심히 정리 했으니까 이제 과자 먹자.

붕어빵처럼 생긴 과자가 8개 들어 있네.

맛있겠다.

그럼 붕어빵 과자를 너랑 나랑 몇 개씩 먹으면 좋을까?

8을 똑같은 두 수로 가르기 하면 4와 4이니까 4개씩 먹으면 되겠다.

너랑 나랑 똑같이 4개씩! 너무 좋다.

8

4   4

나는 붕어빵 과자를 처음 먹어 봐.

그렇구나!

앗! 이게 뭐야?

왜 그래?

붕어빵에서 피가 나네.

진짜 붕어로 만들었나 봐!

이그~

크큭… 그것은 달콤한 팥소가 들어 있는 거라구!

하하하~

확인 문제

1-1 같은 모양을 찾아 선으로 이어 보세요.

한번 더

1-2 상자 안의 물건을 보고 알맞은 모양을 찾아 선으로 이어 보세요.

2-1 다음 중 잘 쌓을 수 <u>없는</u> 모양에 ×표 하세요.

(   ) (   ) (   )

2-2 다음 중 잘 굴러가지 <u>않는</u> 모양에 ×표 하세요.

(   ) (   ) (   )

교과 내용 확인하기

▶정답 및 해설 10쪽

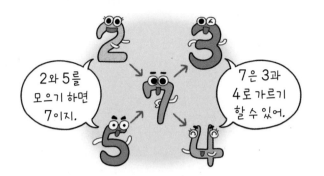

2와 5를 모으기 하면 7이지.

7은 3과 4로 가르기 할 수 있어.

쓰기 ▶ 2＋3＝5

읽기 ▶ 2 더하기 3은 5와 같습니다.
2와 3의 합은 5입니다.

확인 문제

3-1 그림을 보고 빈칸에 알맞은 수를 써넣으세요.

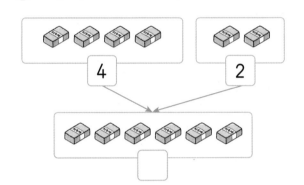

4

2

한번 더

3-2 그림을 보고 빈칸에 알맞은 수를 써넣으세요.

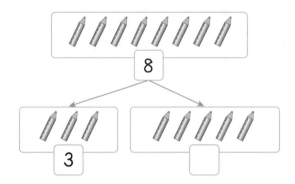

8

3

4-1 ☐ 안에 알맞은 수를 써넣으세요.

3＋4＝7

(1) 3 더하기 4는 ☐ 와/과 같습니다.

(2) 3과 4의 합은 ☐ 입니다.

4-2 ☐ 안에 알맞은 말을 써넣으세요.

2＋7＝9

(1) 2 ☐ 7은 9와 같습니다.

(2) 2와 7의 ☐ 은/는 9입니다.

① ▭, ▢, ● 모양 찾기

활동 문제   진열대의 각 칸에는 같은 모양의 물건만 놓을 수 있습니다. 각 칸에서 모양이 다른 물건을 한 개씩 찾아 ✕표 하세요.

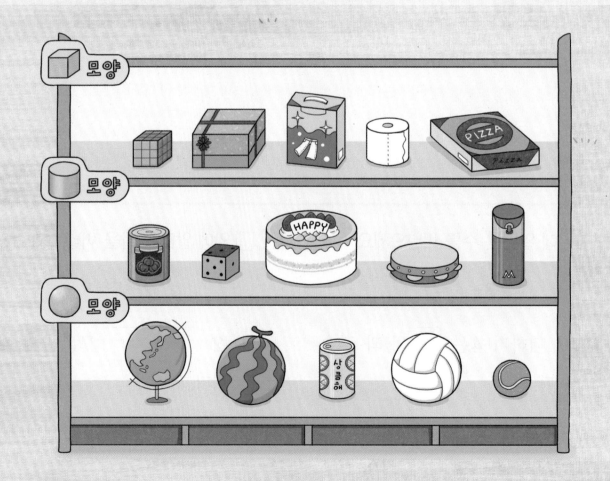

▶ 정답 및 해설 10쪽

2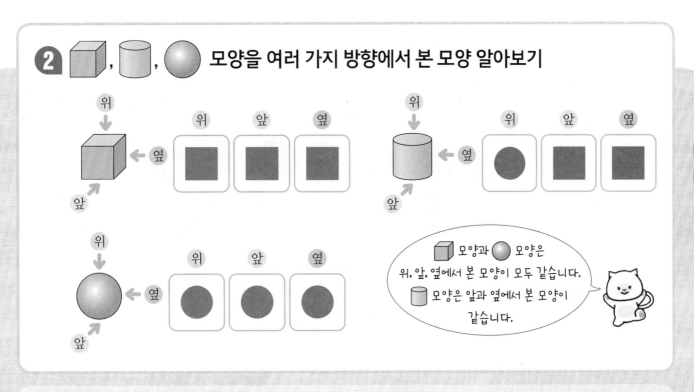

모양을 여러 가지 방향에서 본 모양 알아보기

활동 문제 각 모양을 손전등으로 비추었을 때 반대쪽에 생기는 그림자 모양을 그려 보세요.

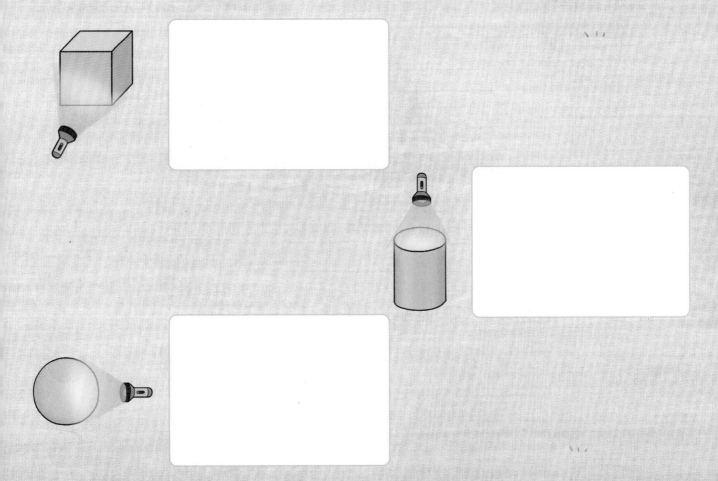

1-1 진호와 지선이가 가지고 있는 물건입니다. 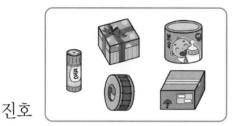 모양 중 두 사람

이 모두 가지고 있는 모양을 찾아 ○표 하세요.

진호   지선

> 진호와 지선이가 가지고 있는 물건의 모양을 각각 알아봅니다.

1-2 세인이와 민준이가 가지고 있는 물건입니다.  모양 중 두 사람

이 모두 가지고 있는 모양을 찾아 ○표 하세요.

세인   민준

(1) 세인이가 가지고 있는 모양을 모두 찾아 ○표 하세요.

(2) 민준이가 가지고 있는 모양을 모두 찾아 ○표 하세요.

(3) 두 사람이 모두 가지고 있는 모양을 찾아 ○표 하세요.

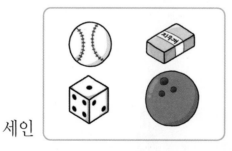
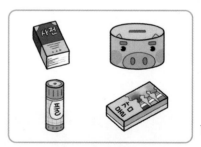

2-1 연서가 손전등으로 주어진 모양을 위, 앞, 옆에서 비추었습니다. 연서가 손전등으로 비추었을 때 반대쪽에 생기는 그림자 모양이 <u>아닌</u> 것을 찾아 ×표 하세요.

- **구하려는 것:** 손전등으로 비추었을 때 반대쪽에 생기는 그림자 모양이 아닌 것
- **주어진 조건:** 주어진 모양, 손전등을 비추는 방향
- **해결 전략:** 각 방향에서 비추었을 때 반대쪽에 생길 수 있는 그림자 모양을 생각해 봅니다.

2-2 혜민이가 손전등으로 주어진 모양을 위, 앞, 옆에서 비추었습니다. 혜민이가 손전등으로 비추었을 때 반대쪽에 생기는 그림자 모양이 <u>아닌</u> 것을 찾아 ×표 하세요.

2-3 정희가 손전등으로 주어진 모양을 위, 앞, 옆에서 비추었습니다. 정희가 손전등으로 비추었을 때 반대쪽에 생기는 그림자 모양이 <u>아닌</u> 것을 찾아 ×표 하세요.

1
창의 · 융합

찬빈이의 책상 위에 여러 가지 물건들이 있습니다.  모양을 모두 찾아 ○표 하세요.

2
문제 해결

같은 모양끼리 자유롭게 묶어 보세요.

3 , , 모양의 수를 각각 세어 ☐ 안에 알맞은 수를 써넣으세요.

문제 해결

 : ☐ 개

 : ☐ 개

 : ☐ 개

4 민수가 다음과 같이 물건의 앞에서 손전등으로 비추었습니다. 이때 반대쪽에 생기는 그림자 모양을 찾아 ○표 하세요.

추론

 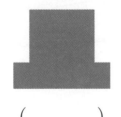 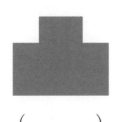 

(   )   (   )   (   )

1 일부분으로 전체 모양 알아보기

평평한 부분과 뾰족한 부분이 있습니다.

평평한 부분과 둥근 부분이 있습니다.

모든 부분이 둥급니다.

활동 문제 그림 낙하산이 내려오고 있습니다. 알맞은 깃발과 연결해 보세요.

▶ 정답 및 해설 11쪽

2 **설명을 읽고 모양 알아보기**

모양 특징	쌓고 굴리기	모양
• 평평한 부분으로만 되어 있습니다. • 뾰족한 부분이 있습니다. • 둥근 부분이 없습니다.	• 잘 쌓을 수 있습니다. • 잘 굴러가지 않습니다.	
• 평평한 부분이 있습니다. • 둥근 부분이 있습니다. • 뾰족한 부분이 없습니다.	• 평평한 부분으로 쌓을 수 있습니다. • 눕히면 잘 굴러갑니다.	
• 둥근 부분으로만 되어 있습니다. • 평평한 부분이 없습니다. • 뾰족한 부분이 없습니다.	• 잘 쌓을 수 없습니다. • 모든 방향으로 잘 굴러갑니다.	

활동 문제 모양 찾기 놀이를 하려고 합니다. 알맞은 모양을 찾아 ○표 하세요.

[모양 특징으로 찾기]

질문	대답
① 뾰족한 부분이 있나요?	아니요
② 평평한 부분이 있나요?	예

뾰족한 부분이 없고,
평평한 부분이 있는 모양은
무슨 모양일까요?

[쌓고 굴리기로 찾기]

질문	대답
① 쌓을 수 있나요?	예
② 잘 굴러가나요?	아니요

쌓을 수 있고
잘 굴러가지 않는 모양은
무슨 모양일까요?

1-1 모양의 일부분만 보이는 상자가 있습니다. 상자 안의 모양과 같은 모양의 물건은 모두 몇 개일까요?

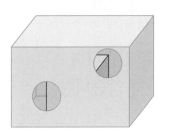 

(   )

먼저 상자 안의 모양이 모양 중 어느 것인지 알아봅니다.

1-2 모양의 일부분만 보이는 상자가 있습니다. 상자 안의 모양과 같은 모양의 물건은 모두 몇 개일까요?

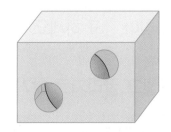 

(1) 상자 안의 모양과 같은 모양에 ◯표 하세요.

(2) 상자 안의 모양과 같은 모양의 물건에 모두 ◯표 하세요.

(3) 상자 안의 모양과 같은 모양의 물건은 모두 몇 개일까요?

(   )

2-1 다음에서 설명하는 모양은 [정육면체], [원기둥], [구] 모양 중 하나입니다. 생활 속에서 볼 수 있는 물건 중 이 모양의 물건을 2개 써 보세요.

> • 평평한 부분으로만 되어 있습니다.
> • 잘 쌓을 수 있습니다.

(   )

- 구하려는 것: 같은 모양의 물건 이름 쓰기
- 주어진 조건: 모양에 대한 설명
- 해결 전략: ❶ 먼저 어떤 모양에 대한 설명인지 알아봅니다.
  　　　　　 ❷ 주변에서 같은 모양을 찾아봅니다.

2-2 다음에서 설명하는 모양은 [정육면체], [원기둥], [구] 모양 중 하나입니다. 생활 속에서 볼 수 있는 물건 중 이 모양의 물건을 2개 써 보세요.

> • 둥근 부분으로만 되어 있습니다.
> • 모든 방향으로 잘 굴러갑니다.

(   )

2-3 다음에서 설명하는 모양은 [정육면체], [원기둥], [구] 모양 중 하나입니다. 생활 속에서 볼 수 있는 물건 중 이 모양의 물건을 3개 써 보세요.

> • 평평한 부분과 둥근 부분이 있습니다.
> • 평평한 부분으로 쌓을 수 있습니다.

(   )

1 설명에 알맞은 모양을 하나씩 찾아 ◯표 하세요.

문제 해결

(1) 뾰족한 부분이 있습니다.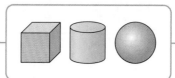

(2) 눕히면 잘 굴러갑니다.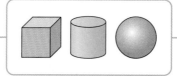

2 퍼즐 조각을 맞추어 🔲 모양과 🔵 모양을 각각 완성하려고 합니다. 빈칸에 들어갈 퍼즐 조각에 ◯표 하세요.

추론

(1)

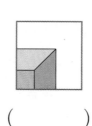 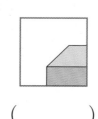

(   )   (   )   (   )

(2)

  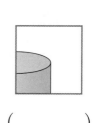

(   )   (   )   (   )

▶ 정답 및 해설 12쪽

3
창의·융합

설명하는 모양의 물건은 모두 몇 개인지 구해 보세요.

(1) 쌓을 수 있는 모양

(   )

(2) 굴릴 수 있는 모양

(   )

4
문제 해결

모양의 일부분을 보고 같은 모양의 물건을 보기 에서 찾아 ◯ 안에 기호를 써넣으세요.

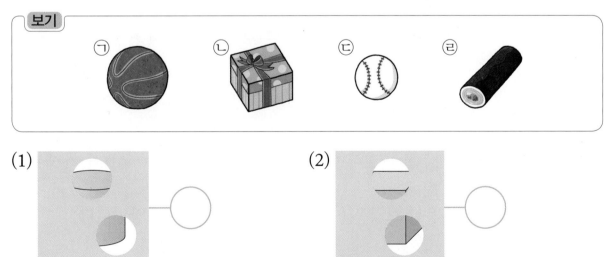

(1)   (2)

1 가장 많이 이용한 모양, 가장 적게 이용한 모양 알아보기

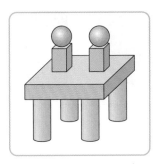

 모양의 수 ➡ 3개

모양의 수 ➡ 4개

모양의 수 ➡ 2개

 모양을 만드는 데 이용한 모양, 모양, 모양의 수를 먼저 세어 봅니다.

모양별로 이용한 개수를 비교하면 4가 가장 크고, 2가 가장 작습니다.

따라서 주어진 모양을 만드는 데 가장 많이 이용한 모양은 모양이고,

가장 적게 이용한 모양은 모양입니다.

활동 문제 다음 모양을 만드는 데 가장 많이 이용한 모양과 가장 적게 이용한 모양을 알아보려고 합니다. 알맞은 것에 ○표 하고 ☐ 안에 알맞은 수를 써넣으세요.

 모양의 수 ➡ (4 , 5 , 6)개

모양의 수 ➡ (6 , 7 , 8)개

모양의 수 ➡ (2 , 3 , 4)개

모양별로 이용한 개수를 비교하면 ☐이/가 가장 크고 ☐이/가 가장 작습니다.

┌ 가장 많이 이용한 모양은 (, ,) 모양입니다.

└ 가장 적게 이용한 모양은 (, ,) 모양입니다.

2 만들 수 있는 모양 찾기

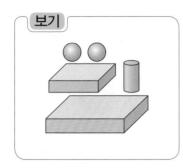　가 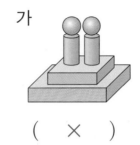　나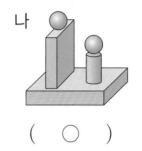

(×)　　　(○)

가와 나 중 보기 와 모양의 수가 같은 것을 찾아봅니다.

보기 는  모양 2개, 모양 1개, 모양 2개입니다.

가는 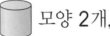 모양 2개, 모양 2개, 모양 2개입니다. ➔ (×)

나는 모양 2개, 모양 1개, 모양 2개입니다. ➔ (○)

따라서 만들 수 있는 모양은 나입니다.

다른 방법 　보기 의 모양들과 같은 모양을 찾아 /으로 지워 보고 지워지지 않는 모양이 있으면 만들 수 없는 모양입니다.

활동 문제 　보기 의 모양을 모두 이용하여 만들 수 있는 모양에 ○표 하세요.

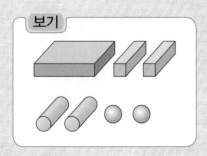　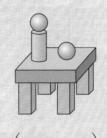　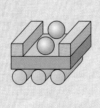　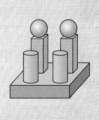

(　)　(　)　(　)

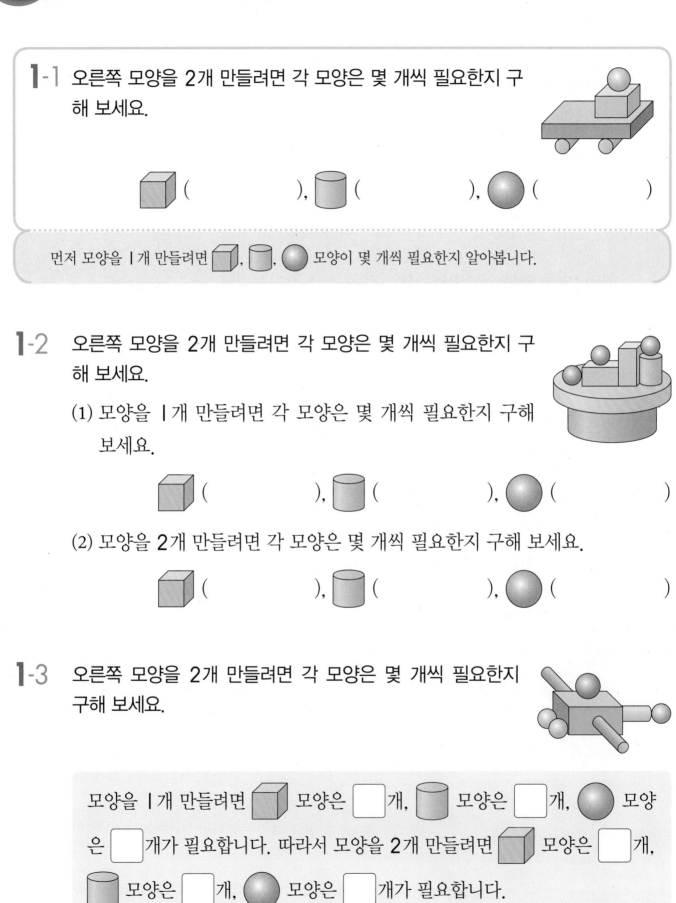

1-1 오른쪽 모양을 2개 만들려면 각 모양은 몇 개씩 필요한지 구해 보세요.

( ), ( ), ( )

먼저 모양을 1개 만들려면 ▢, ⬭, ● 모양이 몇 개씩 필요한지 알아봅니다.

1-2 오른쪽 모양을 2개 만들려면 각 모양은 몇 개씩 필요한지 구해 보세요.

(1) 모양을 1개 만들려면 각 모양은 몇 개씩 필요한지 구해 보세요.

( ), ( ), ( )

(2) 모양을 2개 만들려면 각 모양은 몇 개씩 필요한지 구해 보세요.

( ), ( ), ( )

1-3 오른쪽 모양을 2개 만들려면 각 모양은 몇 개씩 필요한지 구해 보세요.

모양을 1개 만들려면 ▢ 모양은 ☐개, ⬭ 모양은 ☐개, ● 모양은 ☐개가 필요합니다. 따라서 모양을 2개 만들려면 ▢ 모양은 ☐개, ⬭ 모양은 ☐개, ● 모양은 ☐개가 필요합니다.

2-1 민서는 오른쪽 모양을 1개 만들었더니  모양만 1개 남
았습니다. 민서가 처음에 가지고 있던 모양 중 가장 많은 모
양에 ○표 하세요.

- 구하려는 것: 처음에 가지고 있던 모양 중 가장 많은 모양
- 주어진 조건: 만든 모양과 남은 모양의 수
- 해결 전략: ❶ 먼저 모양을 만들 때 이용한 모양의 수를 알아봅니다.
  ❷ 처음에 가지고 있던 모양의 수를 구하고 비교합니다.

2-2 윤석이는 오른쪽 모양을 1개 만들었더니 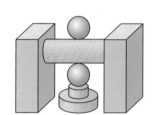 모양만 1개
남았습니다. 윤석이가 처음에 가지고 있던 모양 중 가장 많은
모양에 ○표 하세요.

2-3 유한이는 오른쪽 모양을 1개 만들었더니 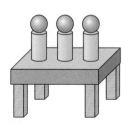 모양만 1개 남
았습니다. 유한이가 처음에 가지고 있던 모양 중 가장 적은 모
양에 ○표 하세요.

1 두 가지 모양을 만드는 데 모두 이용한 모양에 ◯표 하세요.

문제 해결

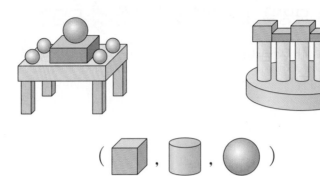

(🟦 , 🛢️ , ⚪)

2 오른쪽 모양을 만드는 데에는 잘 쌓을 수 <u>없는</u> 모양을 몇 개 이용하였는지 구해 보세요.

문제 해결

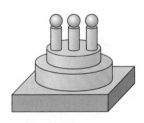

(   )

3 오른쪽 모양을 만드는 데 가장 많이 이용한 모양과 같은 모양의 물건을 모두 찾아 ◯표 하세요.

창의 · 융합

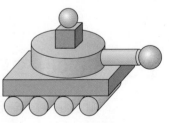

(   )   (   )   (   )   (   )   (   )

▶정답 및 해설 13쪽

4 추론

세인이에게 더 필요한 모양에 ○표 하고, 몇 개 더 필요한지 구해 보세요.

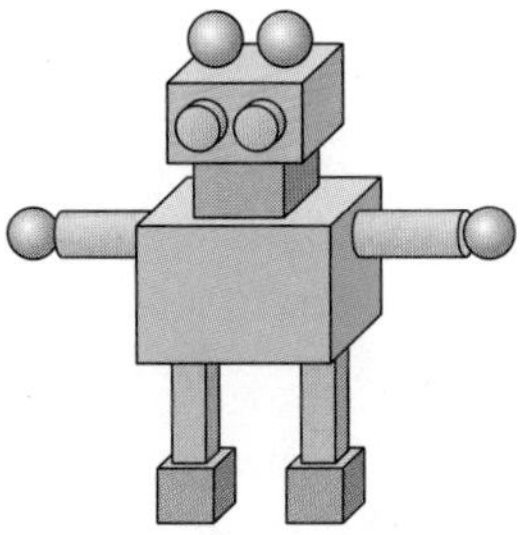

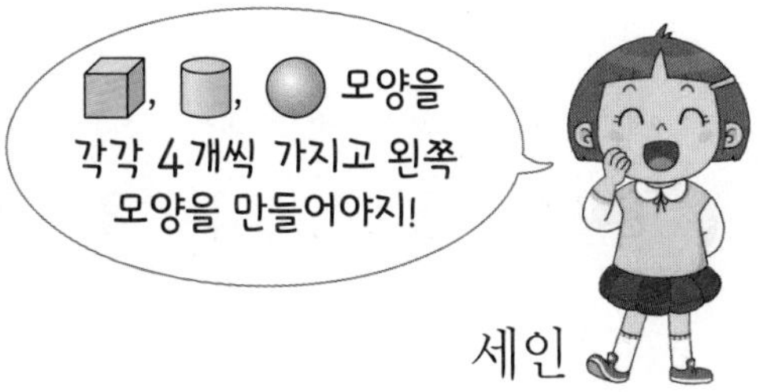

(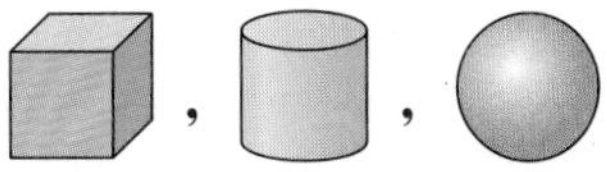), (   )

5 코딩

정희는 오른쪽과 같은 비행기를 만들려고 합니다. 출발에서 도착까지 8개의 방을 지나 필요한 모양을 가지고 나오는 길을 그려 보세요. (단, 한 번 지나간 방은 다시 지나갈 수 없습니다.)

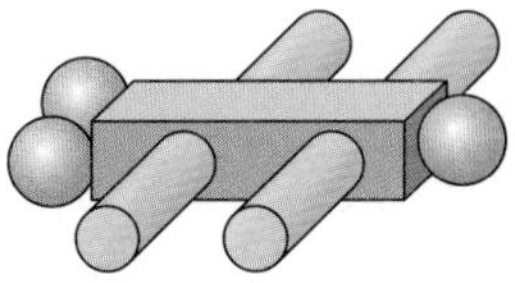

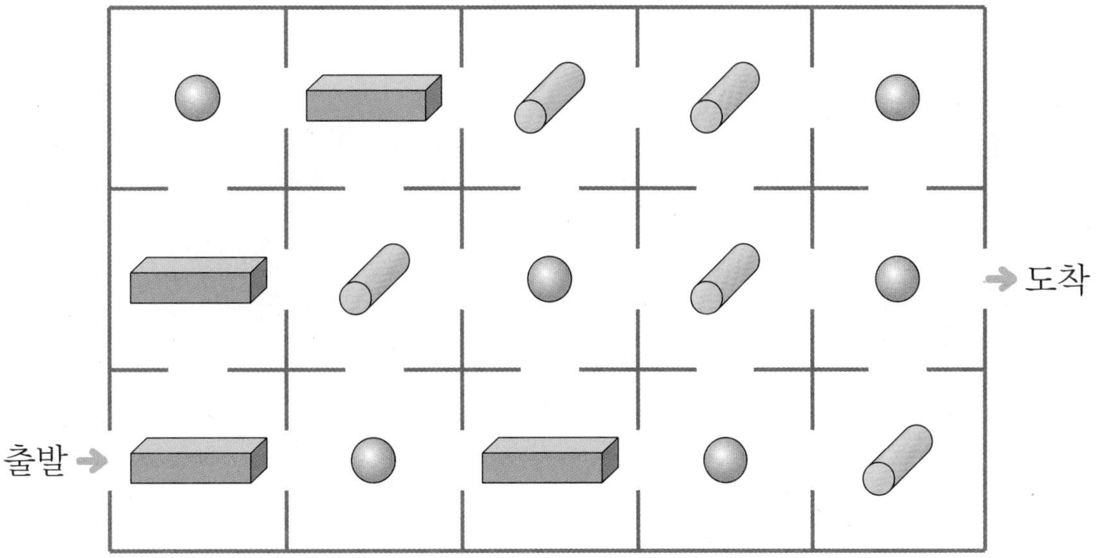

1 가르기와 모으기의 관계

가르기 한 수를 모으기 하면 처음 수가 됩니다.

활동 문제   6, 7, 8, 9를 각각 열기구의 양쪽으로 가르기를 한 다음 다시 열기구의 아래쪽에 모으기를 하려고 합니다. 빈 곳에 알맞은 수를 써넣으세요.

2 세 수를 모으기, 세 수로 가르기

• 세 수를 모으기

먼저 두 수를 모은 후 그 수와 남은 수를 다시 모으기 합니다.

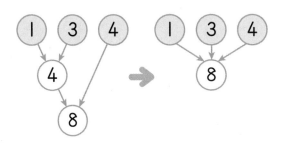

• 세 수로 가르기

먼저 두 수로 가른 후 그중 한 수를 다시 두 수로 가르기 합니다.

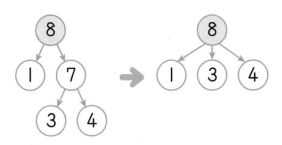

2주
4일

활동 문제 한 줄에 매달린 세 수를 모으기 했을 때 주어진 수가 되는 줄에 ○표 하세요.

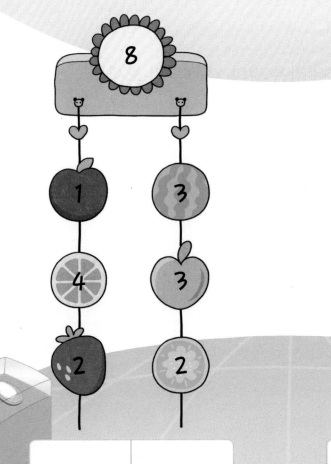

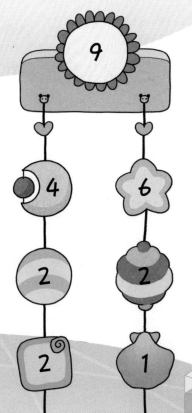

1-1 두 수를 모으기 한 수가 더 큰 것의 기호를 써 보세요.

> ㉠ 3과 3   ㉡ 4와 1

(   )

㉠과 ㉡의 두 수를 각각 모으기 해 봅니다.

1-2 두 수를 모으기 한 수가 더 작은 것의 기호를 써 보세요.

> ㉠ 1과 6   ㉡ 3과 5

(1) ㉠과 ㉡의 두 수를 모으기 하면 각각 얼마일까요?

㉠ (   ), ㉡ (   )

(2) 두 수를 모으기 한 수가 더 작은 것의 기호를 써 보세요.

(   )

1-3 유림이와 종운이가 주사위를 각각 두 번씩 던져서 나온 눈입니다. 두 눈을 모으기 한 수가 더 큰 사람의 이름을 써 보세요.

유림  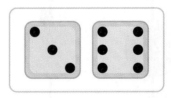 종운

(1) 유림이와 종운이가 주사위를 던져서 나온 두 눈을 모으기 하면 각각 얼마일까요?

유림 (   ), 종운 (   )

(2) 두 눈을 모으기 한 수가 더 큰 사람의 이름을 써 보세요.

(   )

2-1 다람쥐 세 마리가 도토리 7개를 모두 나누어 먹었습니다. 세 번째 다람쥐는 도토리를 몇 개 먹었는지 ◯ 안에 알맞은 수를 써넣으세요.

먹은 도토리의 수 | 개   2 개   ◯ 개

● 구하려는 것: 세 번째 다람쥐가 먹은 도토리의 수
● 주어진 조건: 전체 도토리의 수와 두 마리가 먹은 도토리의 수
● 해결 전략: 세 마리가 먹은 도토리의 수를 모두 모으기 하면 전체 도토리의 수가 되어야 합니다.

2-2 고양이 세 마리가 물고기 8마리를 모두 나누어 먹었습니다. 세 번째 고양이는 물고기를 몇 마리 먹었는지 ◯ 안에 알맞은 수를 써넣으세요.

먹은 물고기의 수   2 마리   3 마리   ◯ 마리

2-3 어미 새가 둥지 3곳에 알을 낳았습니다. 어미 새가 낳은 알이 모두 9개일 때 어미 새가 품고 있는 알은 몇 개인지 구해 보세요.

(   )

1 두 주사위의 눈을 모으기 한 수가 9가 되도록 빈 주사위에 눈(●)을 그려 보세요.

창의·융합

(1)

(2)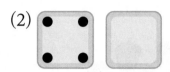

2 두 수를 모으기 하여 ▨ 안의 수가 되도록 이어 보세요.

문제 해결

(1)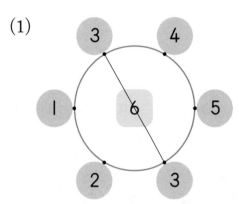

(2)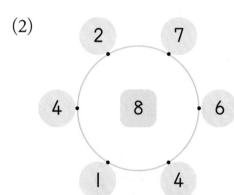

3 ㉠에 알맞은 수를 구해 보세요.

문제 해결

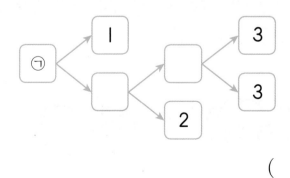

(   )

▶ 정답 및 해설 14쪽

4 수 구슬을 이용하여 가르기 퍼즐을 완성하려고 합니다. ?에 알맞은 구슬을 모두 찾아 ○표 하세요.

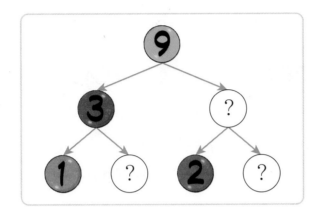

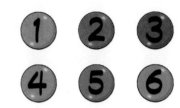

5 현미, 부길, 용태가 사탕 7개를 다음 조건에 맞게 모두 나누어 먹었습니다. 세 명이 먹은 사탕의 수를 구해 보세요.

조건
- 세 명이 먹은 사탕의 수는 모두 다릅니다.
- 부길이가 가장 적게 먹었습니다.
- 용태는 현미보다 많이 먹었습니다.

현미   부길   용태

☐ 개   ☐ 개   ☐ 개

① **합이 가장 큰 덧셈식**

> 합이 가장 큰 덧셈식: (가장 큰 수)+(둘째로 큰 수)

예 3장의 수 카드 **1**, **5**, **3** 중에서 2장을 골라 합이 가장 큰 덧셈식 만들기

① 수 카드의 수 중 가장 큰 수와 둘째로 큰 수를 알아봅니다.

➔ 가장 큰 수는 5이고, 둘째로 큰 수는 3입니다.

② ①에서 찾은 두 수의 합을 구하는 식을 쓰고 계산합니다.

➔ 5+3=8 또는 3+5=8

활동 문제 지붕 위의 세 수 중에서 두 수를 골라 합이 가장 큰 덧셈식을 만들고 계산하려고 합니다. ☐ 안에 알맞은 수를 써넣으세요.

2 합이 가장 작은 덧셈식

> 합이 가장 작은 덧셈식: (가장 작은 수)＋(둘째로 작은 수)

예 3장의 수 카드 **7**, **2**, **5** 중에서 2장을 골라 합이 가장 작은 덧셈식 만들기

① 수 카드의 수 중 가장 작은 수와 둘째로 작은 수를 알아봅니다.

➡ 가장 작은 수는 2이고, 둘째로 작은 수는 5입니다.

② ①에서 찾은 두 수의 합을 구하는 식을 쓰고 계산합니다.

➡ 2＋5＝7 또는 5＋2＝7

활동 문제 풍선의 세 수 중에서 두 수를 골라 합이 가장 작은 덧셈식을 만들고 계산하려고 합니다. ☐ 안에 알맞은 수를 써넣으세요.

☐＋☐＝☐

☐＋☐＝☐

☐＋☐＝☐

1-1 4장의 수 카드 2, 3, 6, 1 중에서 2장을 골라 합이 가장 큰 덧셈식을 만들고 계산해 보세요.

덧셈식 ___☐+☐=☐___

합이 가장 크려면 가장 큰 수와 둘째로 큰 수를 더합니다.

1-2 4장의 수 카드 3, 4, 1, 2 중에서 2장을 골라 합이 가장 큰 덧셈식을 만들고 계산해 보세요.

(1) 알맞은 말에 ◯표 하세요.

합이 가장 큰 덧셈식을 만들려면 가장 (큰 , 작은) 수와 둘째로 (큰 , 작은) 수를 더해야 합니다.

(2) 수 카드 2장을 골라 합이 가장 큰 덧셈식을 만들고 계산해 보세요.

덧셈식 ___☐+☐=☐___

1-3 4장의 수 카드 7, 2, 5, 8 중에서 2장을 골라 합이 가장 작은 덧셈식을 만들고 계산해 보세요.

(1) 알맞은 말에 ◯표 하세요.

합이 가장 작은 덧셈식을 만들려면 가장 (큰 , 작은) 수와 둘째로 (큰 , 작은) 수를 더해야 합니다.

(2) 수 카드 2장을 골라 합이 가장 작은 덧셈식을 만들고 계산해 보세요.

덧셈식 ___☐+☐=☐___

2-1 연필을 민수는 **4**자루 가지고 있고, 현애는 민수보다 **3**자루 더 많이 가지고 있습니다. 현애가 가지고 있는 연필은 몇 자루인지 식을 쓰고 답을 구해 보세요.

식 $\boxed{} + \boxed{} = \boxed{}$

답 _____

- **구하려는 것:** 현애가 가지고 있는 연필의 수
- **주어진 조건:** 민수가 가지고 있는 연필의 수, 현애는 민수보다 3자루 더 많이 가지고 있음
- **해결 전략:** 더 많다, ■보다 ▲만큼 더 큰 수, ■와 ▲의 합, ■와 ▲를 더하면 등이 문장에 있으면 덧셈을 이용합니다.

2-2 운동장에 남자 어린이는 **3**명 있고, 여자 어린이는 남자 어린이보다 **6**명 더 많이 있습니다. 운동장에 있는 여자 어린이는 몇 명인지 식을 쓰고 답을 구해 보세요.

식 $\boxed{} + \boxed{} = \boxed{}$

답 _____

2-3 민정이가 가지고 있던 색종이 수와 오늘 산 색종이 수를 나타낸 것입니다. 민정이가 지금 가지고 있는 색종이는 모두 몇 장인지 구해 보세요.

	가지고 있던 색종이 수	오늘 산 색종이 수
파랑 색종이 수(장)	1	2
분홍 색종이 수(장)	3	1

(   )

1 창의 · 융합

I 부터 9까지의 수를 한자로 나타낸 것입니다. 물음에 답하세요.

I	2	3	4	5	6	7	8	9
一	二	三	四	五	六	七	八	九

(1) 다음을 보고 덧셈을 하여 ☐ 안에 알맞은 수를 써넣으세요.

三+六=☐   五+二=☐

(2) 계산 결과가 다음과 같도록 ☐ 안에 알맞은 한자를 써넣으세요.

3+☐=5   6+☐=7

2 문제 해결

주사위 4개를 던져서 나온 것입니다. 이 중에서 두 개를 골라 눈의 수의 합이 가장 큰 덧셈식과 눈의 수의 합이 가장 작은 덧셈식을 각각 만들고 계산해 보세요.

(1) 눈의 수의 합이 가장 큰 덧셈식

덧셈식 ☐+☐=☐

(2) 눈의 수의 합이 가장 작은 덧셈식

덧셈식 ☐+☐=☐

3 다음과 같이 어떤 수를 넣으면 넣은 수보다 얼마만큼 더 큰 수가 나오는 요술상자가 있습니다. 다음을 보고 **3**을 요술상자에 넣으면 얼마가 나오는지 구해 보세요.

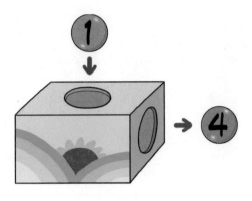

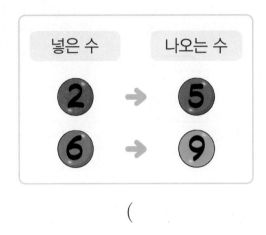

(   )

4 다음과 같이 여러 가지 모양이 나타내는 수를 정했습니다. 두 가지 모양이 겹쳐졌을 때 겹쳐진 부분은 두 가지 모양의 수의 합을 나타냅니다. 겹쳐진 부분이 나타내는 수를 구하는 덧셈식을 만들고 계산해 보세요.

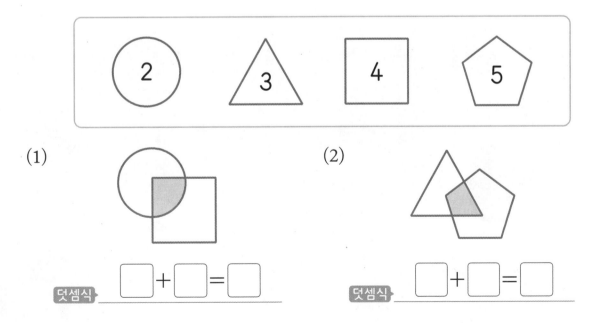

(1)

덧셈식 ◻ + ◻ = ◻

(2)

덧셈식 ◻ + ◻ = ◻

1 같은 모양인 것끼리 하나의 선으로 연결이 되도록 선을 그어 보세요. (단, 선끼리 겹치면 안 됩니다.) 창의·융합

2 다람쥐가 다음 모양 순서대로 길을 따라가 집으로 갔습니다. 다람쥐가 지나간 길을 나타내고, 다람쥐가 도착한 집에 ○표 하세요. 코딩

3 다음과 같이 사다리를 타고 내려가 도착한 곳에 출발한 수를 써넣고 두 수를 모으기 해 보세요. 코딩

사다리 타는 방법

• 출발점에서 아래로 내려가다가 만나는 다리는 반드시 옆으로 건너야 합니다.
• 아래와 옆으로만 이동할 수 있습니다.

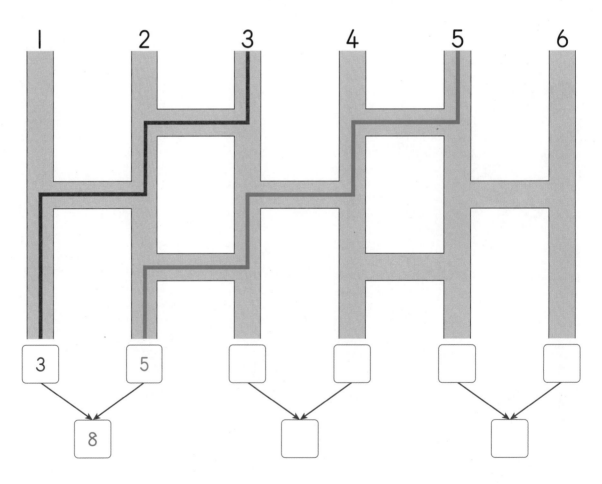

4 위와 앞에서 본 모양을 찾아 선으로 이어 보세요. 문제 해결

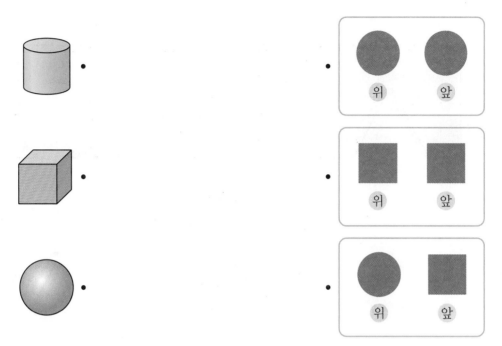

5 다음은 민서가 쓴 그림일기입니다. 그림일기를 보고 아버지께서 사 오신 붕어빵 개수를 구해 보세요. 창의·융합

아	버	지	께	서		붕	어	빵	을		사
오	셨	다.		내	가		3	개,		동	생	이
2	개		먹	었	더	니		붕	어	빵	을
다		먹	어		버	렸	다.				

(   )

6 각 모양들은 그 모양들을 앞에서 본 모양과 같은 모양의 문으로 들어갈 수 있습니다. 각 모양들이 들어갈 수 있는 문을 알맞게 이어 보세요. 추론

7 사과 맛 사탕 2개와 딸기 맛 사탕 6개를 주머니 2개에 똑같이 나누어 담으려고 합니다. 주머니 한 개에 사탕을 몇 개씩 담아야 하는지 구해 보세요. 문제 해결

( )

8 세인이와 민준이는 공깃돌을 5개씩 가지고 있습니다. 가지고 있는 공깃돌을 각각 양 손에 나누어 쥐고 한 손씩만 펼쳤습니다. 세인이와 민준이가 펼치지 않은 손에 있는 공깃돌을 모으기 하면 모두 몇 개인지 구해 보세요. 창의·융합

세인   민준

(   )

9 조건 에 맞게 ?에 들어갈 모양을 보기 에서 찾아 기호를 써 보세요. 코딩

조건
① 모양이 모두 다릅니다.
② 개수가 모두 다릅니다.
③ 색깔이 모두 같습니다.

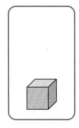 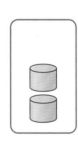 

보기

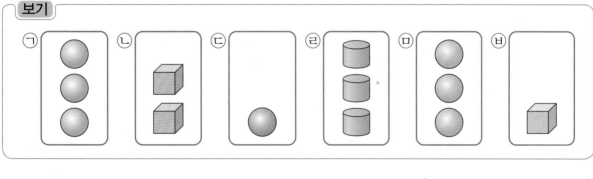

(   )

1 4장의 수 카드 1, 5, 3, 4 중에서 2장을 골라 합이 가장 큰 덧셈식을 만들고 계산해 보세요.

덧셈식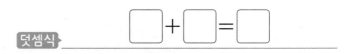

2 4장의 수 카드 2, 7, 6, 9 중에서 2장을 골라 합이 가장 작은 덧셈식을 만들고 계산해 보세요.

덧셈식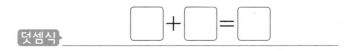

3 찬빈이와 유나가 가지고 있는 물건입니다. ▨, ▨, ● 모양 중 두 사람이 모두 가지고 있는 모양을 찾아 ○표 하세요.

찬빈

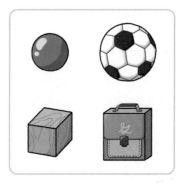
유나

4 모양의 일부분만 보이는 상자가 있습니다. 상자 안의 모양과 같은 모양의 물건은 모두 몇 개일까요?

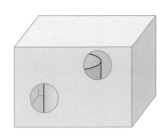

(   )

5 오른쪽 모양을 2개 만들려면 각 모양은 몇 개씩 필요한지 구해 보세요.

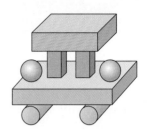

 ( ), ( ),  ( )

6 다음에서 설명하는 모양은 , , 모양 중 하나입니다. 생활 속에서 볼 수 있는 물건 중 이 모양의 물건을 2개 써 보세요.

> • 평평한 부분이 없습니다.
> • 잘 쌓을 수 없습니다.

( )

7 두 수를 모으기 한 수가 더 큰 것의 기호를 써 보세요.

| ㉠ 4와 3 | ㉡ 2와 7 |

( )

8 색연필을 정희는 6자루 가지고 있고, 시원이는 정희보다 2자루 더 많이 가지고 있습니다. 시원이가 가지고 있는 색연필은 몇 자루인지 식을 쓰고 답을 구해 보세요.

식 ☐ + ☐ = ☐

답

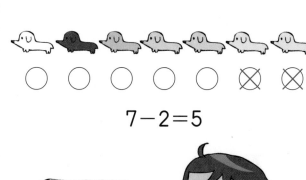

$$7-2=5$$

만화로 미리 보기

아유~ 귀여워!

내가 볼 때는 검정 강아지 길이가 더 긴 것 같아.

아냐. 흰 강아지가 더 길어 보여.

그럼 길이를 재 보자!

두 가지 물건의 길이를 비교할 때는 '더 길다', '더 짧다'로 나타내면 돼.

더 길다

더 짧다

아참~! 내가 추로스를 3개 사 왔는데 함께 먹자.

와~ 맛있겠다.

세 개의 길이가 모두 다르네.

세 가지 물건의 길이를 비교할 때는~

'가장 길다', '가장 짧다'로 나타내면 돼.

가장 길다

가장 짧다

난 가장 긴 거 먹을게~

강아지들이 다 먹었어!

쓰기 ▸ 7−2=5

읽기 ▸ 7 빼기 2는 5와 같습니다.
7과 2의 차는 5입니다.

나는 아무것도 없다는 뜻이야.

나를 더하거나 빼도 값은 변하지 않아.

확인 문제

1-1 ☐ 안에 알맞은 수를 써넣으세요.

9−5=4

(1) 9 빼기 5는 ☐ 와/과 같습니다.

(2) 9와 5의 차는 ☐ 입니다.

한번 더

1-2 ☐ 안에 알맞은 말을 써넣으세요.

7−1=6

(1) 7 ☐ 1은 6과 같습니다.

(2) 7과 1의 ☐ 은/는 6입니다.

2-1 그림을 보고 ☐ 안에 알맞은 수를 써넣으세요.

(1)

0+4=☐

(2)

6+0=☐

2-2 그림을 보고 ☐ 안에 알맞은 수를 써넣으세요.

(1)

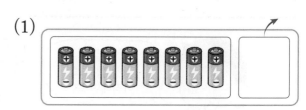

8−0=☐

(2)

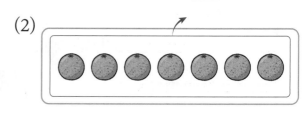

7−7=☐

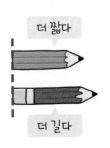

더 짧다
더 길다

가장 길다
가장 짧다

더 넓다
더 좁다

가장 넓다
가장 좁다

확인 문제

한번 더

3-1 더 짧은 것에 △표 하세요.

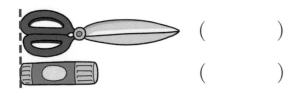

( )
( )

3-2 가장 긴 것에 ○표 하세요.

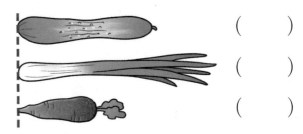

( )
( )
( )

4-1 더 좁은 것에 △표 하세요.

( ) ( )

4-2 가장 넓은 것에 ○표 하세요.

( ) ( ) ( )

5-1 더 가벼운 것에 △표 하세요.

수박
귤

( ) ( )

5-2 가장 무거운 것에 ○표 하세요.

지우개
전자레인지
주사위

( ) ( ) ( )

1 차가 가장 큰 뺄셈식

차가 가장 큰 뺄셈식: (가장 큰 수)ー(가장 작은 수)

예 3장의 수 카드 **4**, **7**, **2** 중에서 2장을 골라 차가 가장 큰 뺄셈식 만들기

① 수 카드의 수 중 가장 큰 수와 가장 작은 수를 알아봅니다.

➡ 가장 큰 수는 7이고, 가장 작은 수는 2입니다.

② ①에서 찾은 두 수의 차를 구하는 식을 쓰고 계산합니다.

➡ 7ー2=5

활동 문제 깃발에 있는 세 수 중에서 두 수를 골라 차가 가장 큰 뺄셈식을 만들고 계산하려고 합니다. ☐ 안에 알맞은 수를 써넣으세요.

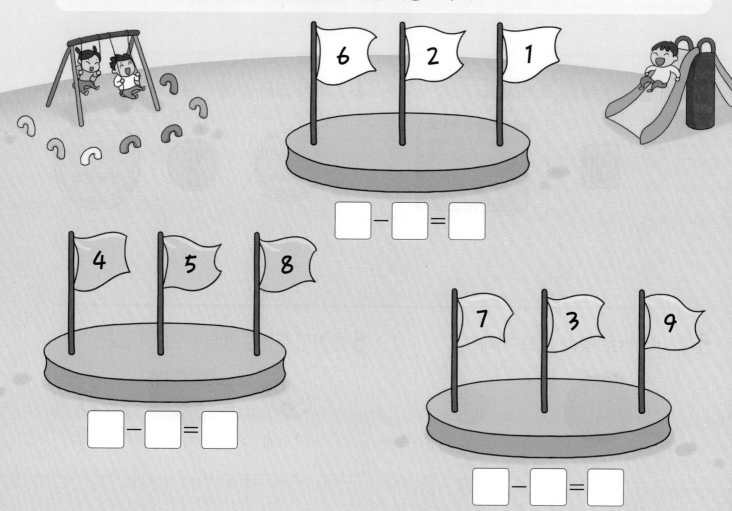

▶ 정답 및 해설 18쪽

2 차가 가장 작은 뺄셈식

> 차가 가장 작은 뺄셈식을 만들 때에는 주어진 수들의 차를 직접 구해 봅니다.

예 3장의 수 카드 6, 1, 8 중에서 2장을 골라 차가 가장 작은 뺄셈식 만들기

① 수 카드의 수를 큰 수부터 순서대로 씁니다.

➡ 8, 6, 1

② 이웃한 수끼리 차를 계산하여 차가 가장 작은 경우를 찾습니다.

➡ $8-6=2$, $6-1=5$이고 2, 5 중 더 작은 수는 2이므로 차가 가장 작은
뺄셈식은 $8-6=2$입니다.

활동 문제 드론에 매달린 팻말에 있는 세 수 중에서 두 수를 골라 차가 가장 작은 뺄셈식
을 만들고 계산하려고 합니다. ☐ 안에 알맞은 수를 써넣으세요.

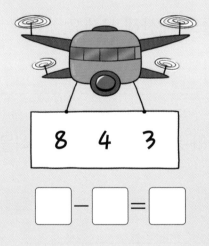

8 4 3

☐ − ☐ = ☐

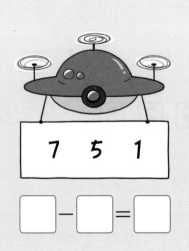

7 5 1

☐ − ☐ = ☐

9 6 2

☐ − ☐ = ☐

1-1 4장의 수 카드 **8**, **4**, **2**, **3** 중에서 2장을 골라 차가 가장 큰 뺄셈식을 만들고 계산해 보세요.

뺄셈식 ☐ − ☐ = ☐

차가 가장 큰 뺄셈식을 만들려면 가장 큰 수에서 가장 작은 수를 뺍니다.

1-2 4장의 수 카드 **1**, **5**, **7**, **6** 중에서 2장을 골라 차가 가장 큰 뺄셈식을 만들고 계산해 보세요.

(1) 알맞은 말에 ○표 하세요.

차가 가장 큰 뺄셈식을 만들려면 가장 (큰 , 작은) 수에서 가장 (큰 , 작은) 수를 빼야 합니다.

(2) 수 카드 2장을 골라 차가 가장 큰 뺄셈식을 만들고 계산해 보세요.

뺄셈식 ☐ − ☐ = ☐

1-3 4장의 수 카드 **4**, **9**, **2**, **5** 중에서 2장을 골라 차가 가장 작은 뺄셈식을 만들고 계산해 보세요.

(1) 맞으면 ○표, 틀리면 ×표 하세요.

수 카드의 수를 큰 수부터 순서대로 쓰면 **9**, **5**, **4**, **2**입니다.

( )

(2) 수 카드 2장을 골라 차가 가장 작은 뺄셈식을 만들고 계산해 보세요.

뺄셈식 ☐ − ☐ = ☐

2-1 농장에 소가 9마리 있고, 돼지는 소보다 2마리 더 적게 있습니다. 농장에 있는 돼지는 몇 마리인지 식을 쓰고 답을 구해 보세요.

식 [　] − [　] = [　] _____

답 _____

- 구하려는 것: 농장에 있는 돼지의 수
- 주어진 조건: 농장에 있는 소의 수, 돼지의 수는 소의 수보다 2마리 더 적음
- 해결 전략: 더 적다, ■보다 ▲만큼 더 작은 수, ■와 ▲의 차, ■에서 ▲를 빼면 등이 문장에 있으면 뺄셈을 이용합니다.

2-2 호수에 백조 7마리가 있었는데 그중에서 1마리가 날아갔습니다. 호수에 남아 있는 백조는 몇 마리인지 식을 쓰고 답을 구해 보세요.

식 [　] − [　] = [　] _____

답 _____

2-3 준수네 모둠 7명 중 3명은 남학생이고, 연호네 모둠 8명 중 5명은 남학생입니다. 누구네 모둠의 여학생이 몇 명 더 많은지 구해 보세요.

	전체 학생 수(명)	남학생 수(명)	여학생 수(명)
준수네 모둠	7	3	?
연호네 모둠	8	5	?

(　　　　　　　), (　　　　　　　)

3주
1일

1
창의 · 융합

다음은 성냥개비로 0부터 9까지의 수를 만든 것입니다. 성냥개비 1개를 빼내어 올바른 식이 되도록 만들려고 합니다. 빼내야 할 성냥개비에 ×표 하세요.

(1)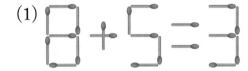

(2)

(3) 4-3=7

(4) 9-4=6

2
문제 해결

민정이네 집의 전화기입니다. 전화기 버튼에서 나란히 붙어 있는 두 수의 차가 3인 경우를 묶어 보면 모두 몇 가지일까요?

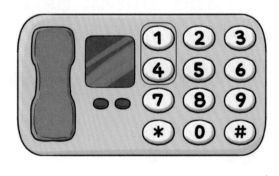

(   )

▶정답 및 해설 19쪽

3 추론

6장의 수 카드를 한 번씩만 사용하여 마주 보고 있는 두 수의 차가 같게 만들려고 합니다. 빈 곳에 알맞은 수를 써넣으세요.

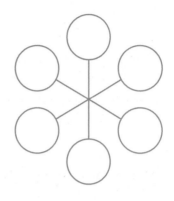

4 코딩

보기 와 같이 가로줄 또는 세로줄에 있는 세 수를 차례로 놓아 뺄셈식 □−□=□를 만들려고 합니다. 뺄셈식을 만들 수 있는 세 수를 모두 찾아 묶어 보세요.

보기

PUZZLE

→ 9−3=6

9	3	6	5	8
2	6	3	7	5
1	1	7	4	3
2	5	6	2	9

→ 8−5=3

→ 7−4=3

→ 6−1=5

PUZZLE

5	7	6	4	1
3	2	7	1	2
9	5	4	3	6
5	1	8	5	3

1 0이 들어 있는 덧셈과 뺄셈

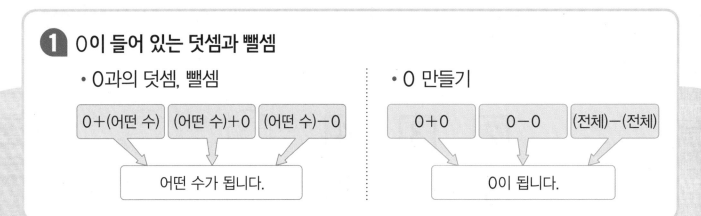

- 0과의 덧셈, 뺄셈

| 0+(어떤 수) | (어떤 수)+0 | (어떤 수)−0 |

어떤 수가 됩니다.

- 0 만들기

| 0+0 | 0−0 | (전체)−(전체) |

0이 됩니다.

활동 문제 주머니에 들어 있는 구슬을 한 번씩만 사용하여 덧셈식 또는 뺄셈식을 만들려고 합니다. 빈 곳에 알맞은 수를 써넣으세요.

2 세 수로 덧셈식과 뺄셈식 만들기

· 덧셈식 만들기
작은 두 수를 더해서 가장 큰 수가
되도록 만듭니다.

$$1 + 5 = 6$$
$$5 + 1 = 6$$

· 뺄셈식 만들기
가장 큰 수에서 다른 한 수를 각각
빼서 나머지 수가 되도록 만듭니다.

$$6 - 1 = 5$$
$$6 - 5 = 1$$

3주
2일

활동 문제 주어진 수를 한 번씩 모두 사용하여 덧셈식과 뺄셈식을 만들려고 합니다.
□ 안에 알맞은 수를 써넣으세요.

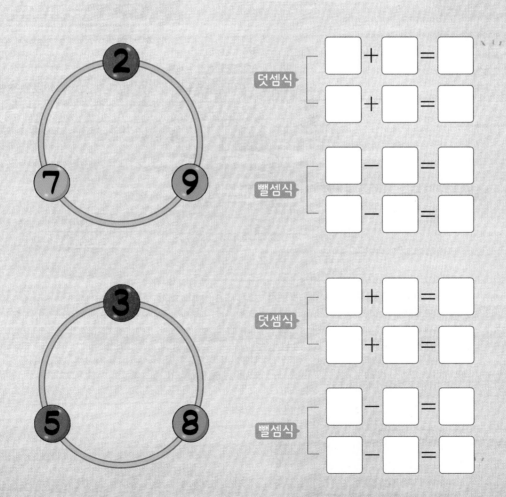

1-1 계산 결과가 더 큰 것의 기호를 써 보세요.

ㄱ 0+8   ㄴ 9+0

(   )

ㄱ과 ㄴ을 각각 계산해 봅니다.

1-2 계산 결과가 더 큰 것의 기호를 써 보세요.

ㄱ 7-0   ㄴ 6-6

(1) ㄱ과 ㄴ을 계산한 값은 각각 얼마일까요?

ㄱ (   ), ㄴ (   )

(2) 계산 결과가 더 큰 것의 기호를 써 보세요.

(   )

1-3 계산 결과가 가장 작은 것의 기호를 써 보세요.

ㄱ 3+0   ㄴ 5-5   ㄷ 0+2

(1) ㄱ, ㄴ, ㄷ을 계산한 값은 각각 얼마일까요?

ㄱ (   ), ㄴ (   ), ㄷ (   )

(2) 계산 결과가 가장 작은 것의 기호를 써 보세요.

(   )

2-1 그림과 같이 주머니가 두 개 있습니다. 두 주머니의 식을 계산한 값이 같아지
도록 ◯ 안에 + 또는 −를 알맞게 써넣으세요.

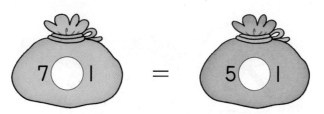

- 구하려는 것: ◯ 안에 알맞은 기호
- 주어진 조건: 두 주머니의 식을 계산한 값이 같음
- 해결 전략: 주어진 두 수를 이용하여 만들 수 있는 덧셈식과 뺄셈식을 모두 만들어 봅니다.

2-2 그림과 같이 주머니가 두 개 있습니다. 두 주머니의 식을 계산한 값이 같아지도
록 ◯ 안에 + 또는 −를 알맞게 써넣으세요.

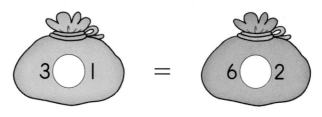

2-3 그림과 같이 주머니가 두 개 있습니다. 두 주머니의 식을 계산한 값이 같아지도
록 ◯ 안에 + 또는 −를 알맞게 써넣으세요.

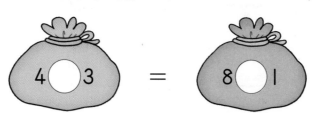

1 현철이와 미라는 곤충 박물관에서 잠자리와 벌이 전시되어 있는 것을 보았습니다. 잠자리의 날개 수와 벌의 날개 수의 차는 몇 장인지 구해 보세요.

창의·융합

(   )

2 화살표 방향으로 움직이면서 색깔에 따라 수가 변하는 규칙이 있습니다. 규칙 에 따라 움직였을 때 ★에 알맞은 수를 구해 보세요.

코딩

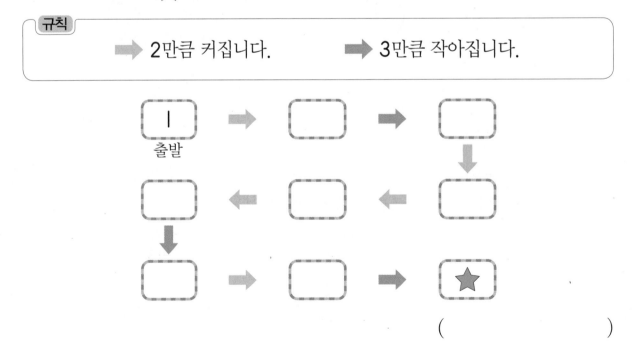

(   )

▶ 정답 및 해설 20쪽

3 다음 저울은 양쪽의 계산한 값이 같아야 어느 쪽으로도 기울어지지 않습니다. 저울이 기울어지지 않도록 ◯ 안에 + 또는 −를 알맞게 써넣으세요.

문제 해결

4 연후와 지현이가 각자 들고 있는 수 카드 2장으로 뺄셈식을 만들었을 때 계산한 값이 같아지게 하려고 합니다. 지현이가 들고 있는 빈 카드에 알맞은 수를 구해 보세요.

추론

연후   지현

(   )

길이 비교하는 방법

1 물건의 길이 비교하기

> 한쪽 끝을 맞추어 보았을 때 다른 쪽 끝이 더 많이 나올수록 더 깁니다.

• 두 가지 물건의 길이 비교하기

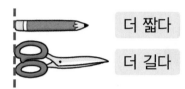

더 짧다
더 길다

• 세 가지 물건의 길이 비교하기

가장 짧다
가장 길다

활동 문제 연필보다 더 긴 물건이 놓여 있는 곳을 따라 미로를 통과하려고 합니다. 미로를 통과하는 길을 나타내어 보세요.

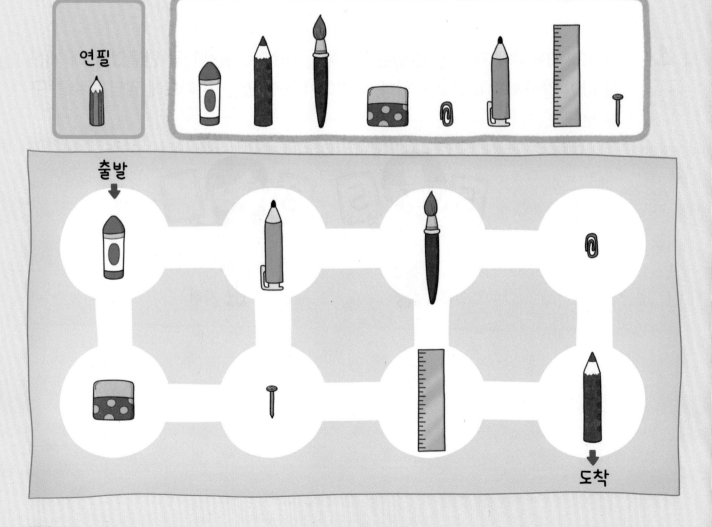

▶ 정답 및 해설 20쪽

② 구부러진 선의 길이 비교하기

> 양쪽 끝이 맞추어져 있을 때 더 많이 구부러져 있을수록 더 깁니다.

• 두 가지 선의 길이 비교하기

더 짧다

더 길다

• 세 가지 선의 길이 비교하기

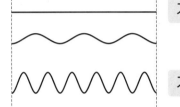

가장 짧다

가장 길다

활동 문제 마법 나라에서 보물 상자를 지키고 있는 뱀은 길이가 길수록 더 강한 마법을 부린다고 합니다. 가장 강한 마법을 부리는 뱀을 찾아 기호를 써 보세요.

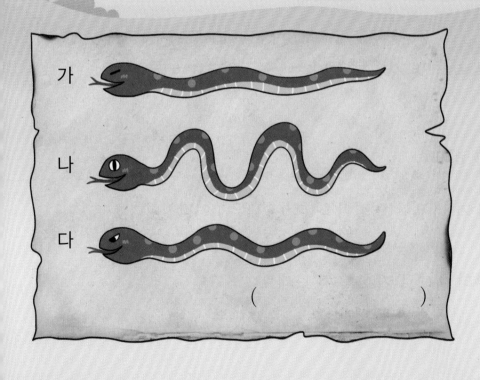

가

나

다

(   )

1-1 크레파스와 풀 중 길이가 더 긴 것은 무엇일까요?

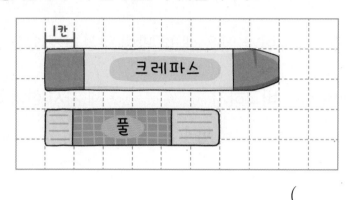

(   )

크레파스의 길이와 풀의 길이가 각각 몇 칸인지 세어서 비교합니다.

1-2 길이가 긴 연필부터 차례로 기호를 써 보세요.

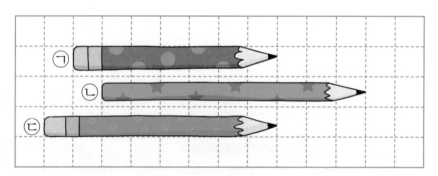

(1) 세 연필의 길이는 각각 몇 칸일까요?

㉠ (   ), ㉡ (   ), ㉢ (   )

(2) 알맞은 말에 ○표 하세요.

> 칸 수가 더 많은 연필이 더 (긴 , 짧은) 연필입니다.

(3) 길이가 긴 연필부터 차례로 기호를 써 보세요.

(   )

2-1 영주는 똑같은 통 **2**개에 리본을 각각 감았습니다. 통에 감긴 리본의 길이가 더 긴 것을 찾아 기호를 써 보세요.

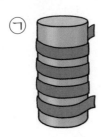
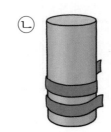

(   )

- 구하려는 것: 감긴 리본의 길이가 더 긴 것
- 주어진 조건: 통에 리본을 감은 그림
- 해결 전략: 통에 리본을 감은 횟수가 각각 몇 번인지 세어서 비교합니다.

2-2 민희는 똑같은 통 **2**개에 리본을 각각 감았습니다. 통에 감긴 리본의 길이가 더 긴 것을 찾아 기호를 써 보세요.

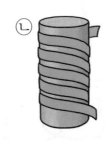

(   )

2-3 진규는 똑같은 통 **3**개에 끈을 각각 감았습니다. 통에 감긴 끈의 길이가 긴 것부터 차례로 기호를 써 보세요.

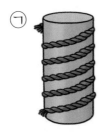

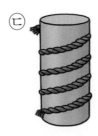

(   )

1 보기 의 굵은 선보다 길이가 더 긴 선을 오른쪽에 그어 보세요.

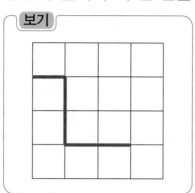

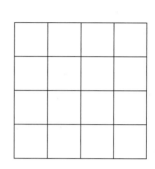

2 민서네 집에 있는 가전 제품들입니다. 콘센트에 플러그를 꽂았을 때 가장 멀리 떨어진 곳에서 사용할 수 있는 것은 무엇일까요?

(   )

▶정답 및 해설 21쪽

3
효선이는 굵기가 다른 통 3개에 끈을 똑같은 횟수만큼 각각 감았습니다. 통에 감긴 끈의 길이가 짧은 것부터 차례로 기호를 써 보세요.

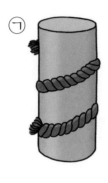 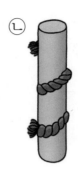 

( )

4
목동이 양을 몰고 울타리로 가려고 합니다. 가장 많이 걷는 길로 가려면 어느 다리를 건너야 하는지 기호를 써 보세요.

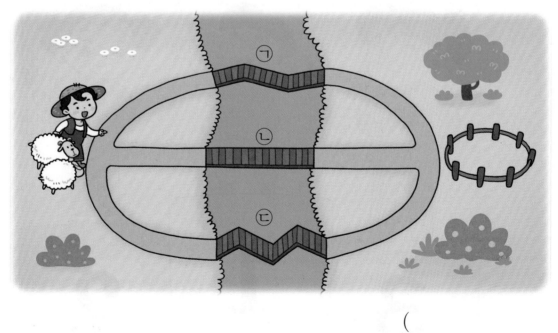

( )

① 키 비교하기

발끝이 가장
아래쪽에
있습니다.

가장 작다   가장 크다

위쪽 끝이
맞추어져 있을 때에는
아래쪽으로 더 많이
내려갈수록
키가 더 큽니다.

여러 명의 키 비교 ➡ 가장 크다, 가장 작다

활동 문제   팔씨름 경기를 해서 1등, 2등, 3등이 정해졌습니다. 세 명 중 경미는 키가 가장 큽니다. 경미는 몇 등일까요?

(   )

2 높이 비교하기

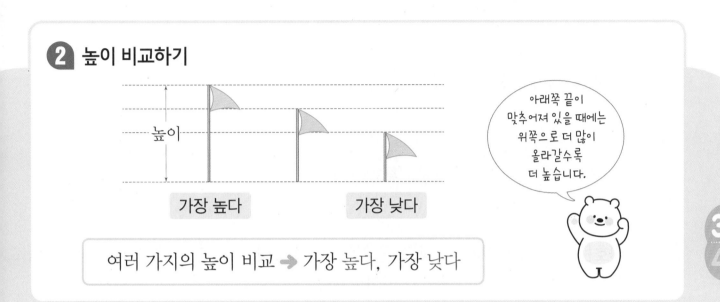

여러 가지의 높이 비교 ➡ 가장 높다, 가장 낮다

활동 문제 독수리, 까치, 참새의 둥지가 한 나무에 있습니다. 세 동물의 말을 읽고 둥지의 위치를 각각 찾아 기호를 써 보세요.

1-1 주엽이는 장훈이보다 키가 더 작고 장훈이는 연경이보다 키가 더 작습니다. 세 사람 중 키가 가장 큰 사람은 누구일까요?

(   )

두 명씩 키를 비교하여 키가 더 큰 사람을 찾아봅니다.

1-2 진호는 근우보다 키가 더 작고 근우는 현철이보다 키가 더 작습니다. 세 사람 중 키가 가장 큰 사람은 누구인지 알아보세요.

(1) 진호와 근우 중 키가 더 큰 사람은 [   ] 입니다.

(2) 근우와 현철이 중 키가 더 큰 사람은 [   ] 입니다.

(3) 키가 가장 큰 사람은 [   ] 입니다.

1-3 효선이는 수정이보다 키가 더 크고 수정이는 혜민이보다 키가 더 큽니다. 세 사람 중 키가 가장 작은 사람은 누구인지 알아보세요.

(1) 효선이와 수정이 중 키가 더 작은 사람은 [   ] 입니다.

(2) 수정이와 혜민이 중 키가 더 작은 사람은 [   ] 입니다.

(3) 키가 가장 작은 사람은 [   ] 입니다.

2-1 민아, 지훈, 은진이는 같은 아파트에 살고 있습니다. 민아는 l층에 살고, 지훈이는 3층에 삽니다. 은진이는 민아보다 3개 층 더 높은 곳에 산다고 할 때, 세 사람 중 가장 높은 층에 살고 있는 사람은 누구일까요?

(　　　　　　　　)

- 구하려는 것: 가장 높은 층에 살고 있는 사람
- 주어진 조건: 민아는 l층, 지훈이는 3층에 살고 은진이는 민아보다 3개 층 더 높은 곳에 살고 있음
- 해결 전략: ❶ 은진이가 몇 층에 살고 있는지 알아봅니다.
  ❷ 세 사람이 살고 있는 층수를 비교합니다.

3주
4일

2-2 경민, 수진, 슬아는 같은 아파트에 살고 있습니다. 세 사람 중 가장 낮은 층에 살고 있는 사람은 누구일까요?

경민   수진   슬아

(　　　　　　　　)

2-3 어느 마트에서 쌀은 l층에서 팔고, 모자는 3층에서 팝니다. 휴대 전화는 쌀보다 3개 층 더 높은 곳에서 팔고, 세제는 모자보다 한 층 더 낮은 곳에서 팝니다. 4가지 물건 중 가장 높은 곳에서 팔고 있는 것은 무엇일까요?

(　　　　　　　　)

1 선애, 유진, 민지가 똑같은 블록을 이용하여 쌓은 모양입니다. 가장 높게 쌓은

문제 해결 사람을 찾아 써 보세요.

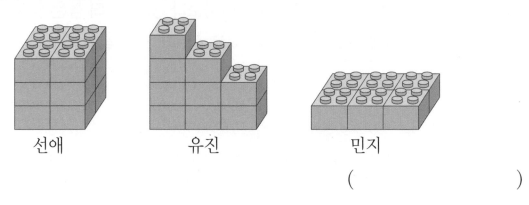

선애　　　　　　유진　　　　　　민지

(　　　　　　　　　)

2 세 가지 건물 모형을 장식장에 진열해 놓은 것입니다. 그림을 보고 물음에 답하

추론 세요.

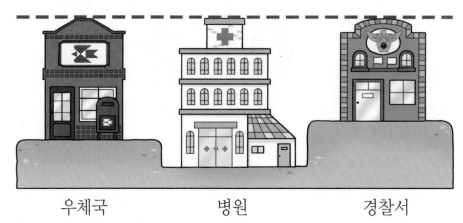

우체국　　　　　　병원　　　　　　경찰서

(1) 장식장의 높은 곳에 있는 건물부터 차례로 써 보세요.

(　　　　　　　　　　　　)

(2) 높은 건물부터 차례로 써 보세요.

(　　　　　　　　　　　　)

3 가족 사진을 보고 지탁이네 가족 중 한 사람이 한 말입니다. 누가 한 말인지 찾아 써 보세요.

창의·융합

아빠 누나 형 지탁 엄마

> 우리 가족 중에서
> 나보다 키가
> 작은 사람은
> 1명 있어.

(   )

3주
4일

4 주헌이네 모둠 학생들이 철봉 매달리기를 하고 있습니다. 키가 큰 순서대로 줄을 선다면 앞에서 둘째에 서는 학생은 누구일까요?

추론

주헌   성규   유라   혜선

(   )

1 무게 비교하는 방법

• 시소, 양팔저울 이용하기
아래로 내려간 쪽이 더 무겁습니다.

더 가볍다

더 무겁다

• 고무줄, 용수철 이용하기
더 많이 늘어날수록 더 무겁습니다.

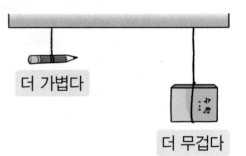

더 가볍다

더 무겁다

활동 문제　길이가 같은 고무줄에 물건을 매달았습니다. 가장 무거운 물건은 어느 것인지 써 보세요. (단, 묶는 데 사용한 길이는 생각하지 않습니다.)

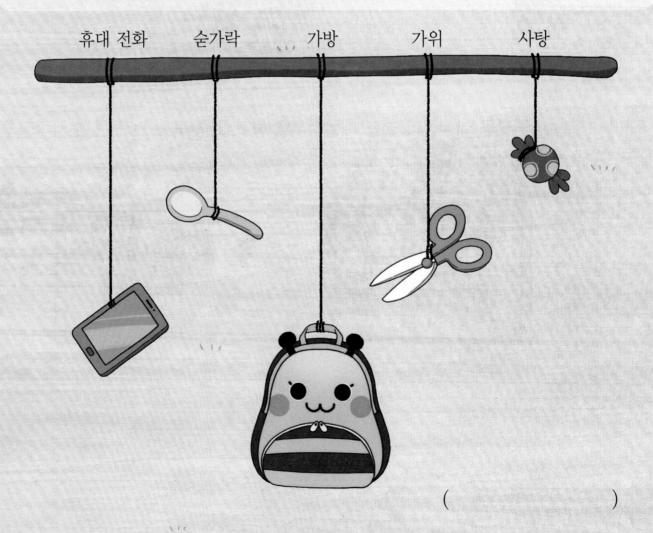

휴대 전화　숟가락　가방　가위　사탕

(　　　　　　　　)

2 넓이 비교하는 방법

물건의 한쪽 끝을 맞추어 겹쳐 보았을 때 남는 부분이 있는 것이 더 넓습니다.

• 두 가지 물건의 넓이 비교하기

  ➡

더 넓다   더 좁다

• 세 가지 물건의 넓이 비교하기

   ➡

가장 넓다   가장 좁다

3주
5일

활동 문제 미술 시간에 그린 그림을 자르거나 접지 않고 액자에 넣으려고 합니다. 어느 액자에 넣을 수 있는지 알아보세요.

① 아빠와 엄마 그림은 어느 액자에 넣을 수 있는지 ○표 하세요.

아빠와 엄마

➡

(   )

(   )

② 동생 그림은 어느 액자에 넣을 수 있는지 △표 하세요.

동생

➡

(   )

(   )

1-1 혜진, 시현, 지영이가 시소를 타고 있습니다. 가장 가벼운 사람은 누구일까요?

혜진   시현   지영   시현

(   )

시소는 위로 올라간 쪽이 더 가볍고, 아래로 내려간 쪽이 더 무겁습니다.

1-2 파란 공, 빨간 공, 노란 공이 있습니다. 가벼운 공부터 차례로 써 보세요.

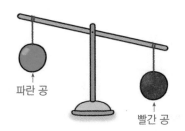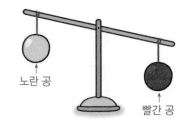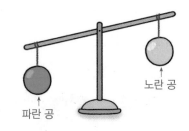

파란 공   빨간 공   노란 공   빨간 공   파란 공   노란 공

(1) 파란 공과 빨간 공 중 더 가벼운 공은 무엇일까요?

(   )

(2) 노란 공과 빨간 공 중 더 가벼운 공은 무엇일까요?

(   )

(3) 파란 공과 노란 공 중 더 가벼운 공은 무엇일까요?

(   )

(4) 가벼운 공부터 차례로 써 보세요.

(   )

2-1 다음은 오이, 가지, 고추를 심은 텃밭의 넓이를 나타낸 것입니다. 한 칸의 넓이가 같을 때, 세 가지 채소 중 가장 넓은 곳에 심은 것은 무엇일까요?

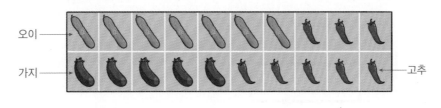

(   )

- 구하려는 것: 가장 넓은 곳에 심은 채소
- 주어진 조건: 채소별 텃밭에 심은 칸 수
- 해결 전략: 채소별로 심은 부분의 넓이가 각각 몇 칸인지 세어서 비교합니다.

2-2 다음은 배추, 무, 당근을 심은 텃밭의 넓이를 나타낸 것입니다. 한 칸의 넓이가 같을 때, 세 가지 채소 중 가장 좁은 곳에 심은 것은 무엇일까요?

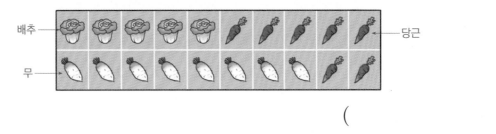

(   )

2-3 다음은 튤립, 장미, 백합을 심은 꽃밭의 넓이를 나타낸 것입니다. 한 칸의 넓이가 같을 때, 세 가지 꽃 중 가장 넓은 곳에 심은 것은 무엇일까요?

(   )

1 보기 는 면봉 8개로 만든 모양입니다. 이 모양보다 더 넓은 모양을 면봉 8개로 만들어 보세요.

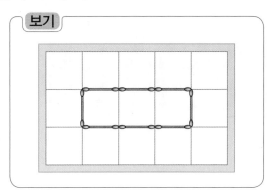

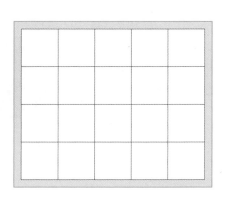

2 똑같은 주머니에 무게가 다른 세 가지 물건을 담았습니다. 이 주머니들을 포장하려고 똑같은 상자에 올려놓았더니 상자들이 찌그러졌습니다. 가장 무거운 물건을 담은 주머니를 찾아 기호를 써 보세요.

(   )

3 용준이와 은재는 같은 크기의 색종이를 한 장씩 가지고 있습니다. 점선을 따라 오렸을 때 생기는 가장 작은 조각을 비교하면 누구의 것이 더 넓을까요?

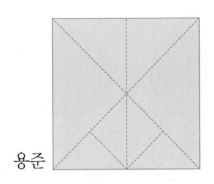

용준

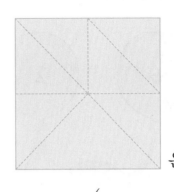

은재

(   )

4 똑같은 용수철 3개에 무게가 다른 추를 각각 매달았더니 다음과 같이 용수철이 늘어났습니다. 추의 크기가 클수록 추가 더 무거울 때 각각의 용수철에 매달려 있던 추를 찾아서 이어 보세요.

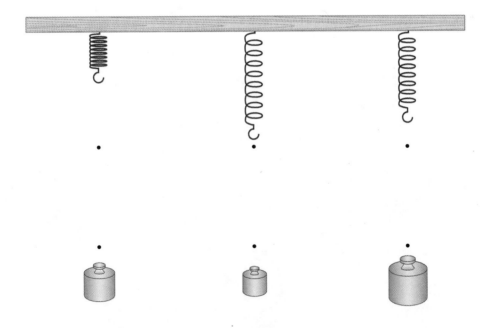

1 놀이동산에 있는 곰돌이네 풍선 가게입니다. 파란 줄은 덧셈으로, 빨간 줄을 뺄셈으로 계산하여 아래 풍선에 쓰는 규칙입니다. 빈 곳에 알맞은 수를 써넣으세요. 코딩

2 원재와 안나가 밥을 먹고 있습니다. 두 그림을 비교하여 다른 부분을 세 군데 찾아 안나 그림에 표시해 보세요. 창의·융합

3 길이가 같은 고무줄에 여러 가지 모양의 블록을 매달았습니다. ㉠보다 더 무거운 블록을 찾아 기호를 써 보세요. (단, 묶는 데 사용한 길이는 생각하지 않습니다.) 문제 해결

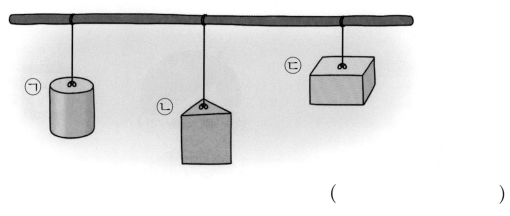

(   )

4 우체국과 병원 사이에 미라네 집이 있습니다. 미라네 집은 우체국보다는 더 높고, 병원보다는 더 낮다고 합니다. 미라네 집을 간단한 그림으로 그려 보세요. 추론

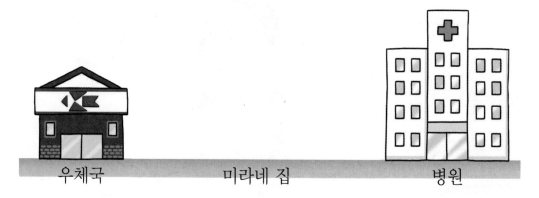

5 수를 순서대로 이었을 때 만들어지는 모양으로 울타리를 만들었을 때, 닭과 소 중에서 더 넓은 울타리에 있는 동물은 무엇일까요? 창의·융합

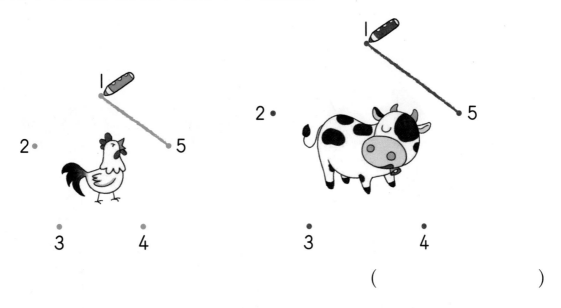

( )

6 같은 그림은 같은 수를 나타냅니다. 각각의 그림이 나타내는 수를 구해 보세요. 문제해결

☀ + 2 = 9

☀ − 🌙 = 4

☀ ( )

🌙 ( )

연실을 감는 데 쓰는 도구

7 은지, 경호, 철수가 각자 넓이가 다른 연을 날리고 있습니다. 세 명이 가지고 있는 <u>얼레</u>는 모두 똑같은 것이지만 얼레에 연실이 감긴 횟수는 경호, 은지, 철수의 순서대로 많습니다. 물음에 답하세요. 창의·융합

얼레 →

은지   경호   철수

❶ 세 명 중 가장 넓은 연을 가지고 있는 사람은 누구일까요? (단, 그림에서 보이는 넓이대로 생각합니다.)

(   )

❷ 얼레에 감긴 연실을 모두 풀고 연실의 길이만큼 연이 하늘로 올라갈 때, 세 명 중 연을 가장 높이 날릴 수 있는 사람은 누구일까요?

(   )

8 저울은 양쪽의 무게가 같으면 기울어지지 않습니다. 다음과 같이 배 1개와 오렌지 4개의 무게가 같고, 같은 과일은 무게가 모두 같습니다. 물음에 답하세요. 문제 해결

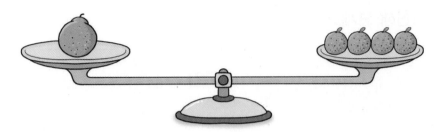

➊ 사과 1개의 무게는 오렌지 몇 개의 무게와 같을까요?

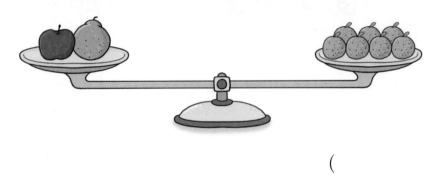

(   )

➋ 파인애플 1개의 무게는 오렌지 몇 개의 무게와 같을까요?

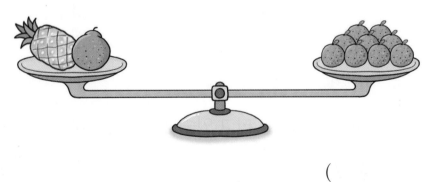

(   )

1 4장의 수 카드 **4**, **7**, **5**, **9** 중에서 2장을 골라 차가 가장 큰 뺄셈식을 만들고 계산해 보세요.

뺄셈식 ☐ − ☐ = ☐

2 4장의 수 카드 **8**, **2**, **6**, **3** 중에서 2장을 골라 차가 가장 작은 뺄셈식을 만들고 계산해 보세요.

뺄셈식 ☐ − ☐ = ☐

3 농장에 병아리는 8마리 있고, 닭은 병아리보다 5마리 더 적게 있습니다. 농장에 있는 닭은 몇 마리인지 식을 쓰고 답을 구해 보세요.

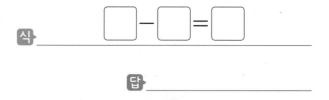

식 ☐ − ☐ = ☐

답 _____

4 민수, 홍관, 경민이가 시소를 타고 있습니다. 가장 무거운 사람은 누구일까요?

민수   홍관   경민   홍관

(   )

5 영수는 똑같은 통 2개에 리본을 각각 감았습니다. 통에 감긴 리본의 길이가 더 긴 것을 찾아 기호를 써 보세요.

(   )

6 은혜는 슬아보다 키가 더 크고 슬아는 미영이보다 키가 더 큽니다. 세 사람 중 키가 가장 작은 사람은 누구인지 알아보세요.

(   )

7 계산 결과가 더 큰 것의 기호를 써 보세요.

㉠ 3+0   ㉡ 4−0

(   )

8 그림과 같이 주머니가 두 개 있습니다. 두 주머니의 식을 계산한 값이 같아지도록 ◯ 안에 + 또는 −를 알맞게 써넣으세요.

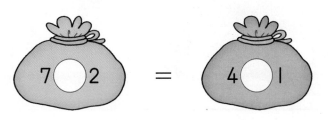

7◯2 = 4◯1

두 컵의 담을 수 있는
양을 비교할 때에는
'더 많다', '더 적다'로
나타낼 수 있어.

아~
그렇구나!

냉장고에
딸기도 있어.

와~ 딸기
많다!

딸기가
몇 개야?

한 번
세어 보자!

딸기는
10개씩 묶음 4개와
낱개 9개이므로
49개야.

나 개인기
있는 거
알아?

뭔데?

한 입에
많은 양의
음식을 넣을
수 있어.

정말?

맛있다~
딸기!

야구!   야구!

또
속았네!

⑩	9보다 1만큼 더 큰 수 읽기 십, 열

십	10일, 10년, 10등……
열	10살, 10개, 10명……

♥0	10개씩 묶음	♥
	낱개	0

♥★	10개씩 묶음	♥
	낱개	★

확인 문제

1-1 □ 안에 알맞은 수를 써넣으세요.

9보다 1만큼 더 큰 수는 □ 입니다.

한번 더

1-2 □ 안에 알맞은 수를 써넣으세요.

8보다 2만큼 더 큰 수는 □ 입니다.

2-1 빈 곳에 알맞은 수나 말을 써넣으세요.

(1)

	10개씩 묶음 3개	
쓰기		
읽기		

(2)

	10개씩 묶음 4개	
쓰기		
읽기		

2-2 빈 곳에 알맞은 수나 말을 써넣으세요.

(1)

	10개씩 묶음 2개와 낱개 6개	
쓰기		
읽기		

(2)

	10개씩 묶음 3개와 낱개 8개	
쓰기		
읽기		

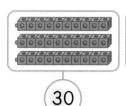 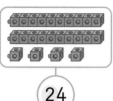

30 24

10개씩 묶음의 수를 비교합니다.

3은 2보다 큽니다.

➡ 30은 24보다 큽니다.

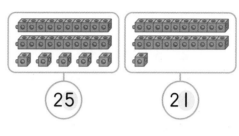

25 21

10개씩 묶음의 수가 같으면 낱개의 수를 비교합니다.

5는 1보다 큽니다.

➡ 25는 21보다 큽니다.

확인 문제

3-1 그림을 보고 알맞은 말에 ○표 하세요.

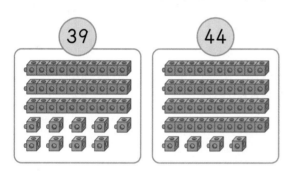

39 44

39는 44보다 (큽니다 , 작습니다).

한번 더

3-2 그림을 보고 알맞은 말에 ○표 하세요.

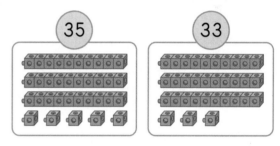

35 33

35는 33보다 (큽니다 , 작습니다).

4-1 더 큰 수에 ○표 하세요.

(1) | 17 | 22 |

(2) | 45 | 41 |

4-2 더 작은 수에 △표 하세요.

(1) | 41 | 38 |

(2) | 23 | 29 |

① 담을 수 있는 양 비교하기

> 그릇의 크기가 클수록 담을 수 있는 양이 더 많습니다.

· 두 가지 그릇 비교하기	· 세 가지 그릇 비교하기

더 많다 　더 적다

가장 많다 　가장 적다

활동 문제 두루미와 여우가 각자 수프를 먹기 편한 그릇으로 고른 것입니다. 수프를 더 많이 담을 수 있는 그릇은 누구의 그릇일까요?

난 부리가 기니까 목이 긴 그릇에 먹어야 해.

나는 납작한 접시에 먹는 게 편하지.

두루미　　　　　　　　　　　여우

(　　　　　　　　)

2 담긴 양 비교하기

- 그릇의 모양과 크기가 같을 때
  담긴 높이가 높을수록 담긴 양이 더 많습니다.

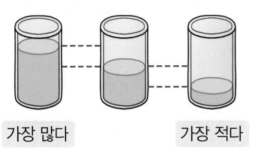

가장 많다   가장 적다

- 담긴 높이가 같을 때
  그릇의 크기가 클수록 담긴 양이 더 많습니다.

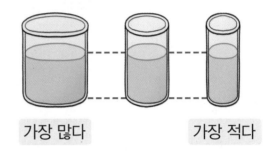

가장 많다   가장 적다

활동 문제 호준, 엄마, 아빠가 약수터에서 물을 받았습니다. 물을 가장 많이 받은 사람은 누구일까요?

호준   엄마   아빠

(   )

1-1 보기 의 그릇에 물을 가득 담아 주어진 컵에 부었을 때 넘치지 않고 모두 담을 수 있는 것을 찾아 기호를 써 보세요.

(　　　　　)

컵에 물을 가득 담아 더 큰 컵에 부으면 넘치지 않고 모두 담을 수 있습니다.

1-2 보기 의 그릇에 물을 가득 담아 주어진 그릇에 부었을 때 넘치지 않고 모두 담을 수 있는 것을 찾아보세요.

(1) 보기 의 그릇보다 큰 그릇은 (㉠ , ㉡)입니다.

(2) 물이 넘치지 않고 모두 담을 수 있는 그릇은 (㉠ , ㉡)입니다.

1-3 보기 의 컵에 물을 가득 담아 주어진 컵에 부었을 때 물이 넘치는 컵을 찾아보세요.

(1) 보기 의 컵보다 작은 컵은 (㉠ , ㉡)입니다.

(2) 물이 넘치는 컵은 (㉠ , ㉡)입니다.

2-1 다혜, 찬빈, 시우는 같은 양의 우유를 컵에 따랐습니다. 우유를 마시고 다음과 같이 남겼을 때 우유를 가장 많이 마신 사람은 누구일까요?

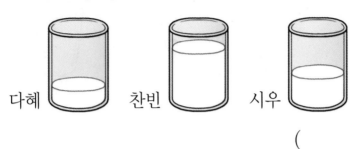

(   )

- 구하려는 것: 우유를 가장 많이 마신 사람
- 주어진 조건: 같은 양의 우유를 따랐음. 다혜, 찬빈, 시우가 남긴 우유의 양
- 해결 전략: 남은 우유가 많다는 것은 우유를 많이 마신 것인지, 적게 마신 것인지 생각해 봅니다.

2-2 준서, 윤우, 민서는 같은 양의 주스를 컵에 따랐습니다. 주스를 마시고 다음과 같이 남겼을 때 주스를 가장 적게 마신 사람은 누구일까요?

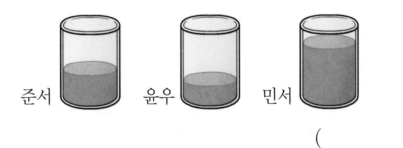

(   )

2-3 호준이와 수하는 똑같은 음료수를 1병씩 가지고 있었습니다. 호준이와 수하는 다음과 같은 컵에 음료수를 가득 따르고도 음료수가 남았습니다. 병에 남아 있는 음료수의 양이 더 많은 사람은 누구일까요?

(   )

1 두 컵 중 한 컵에 물을 가득 담아서 다른 컵에 모두 부은 것입니다. 그림을 보고 알맞은 말에 ◯표 하세요.

추론

(1)

두 컵 중 더 (큰 컵 , 작은 컵)에 가득 채운 물을 더 (큰 컵 , 작은 컵)에 옮겨 담았습니다.

(2)

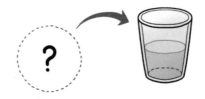

두 컵 중 더 (큰 컵 , 작은 컵)에 가득 채운 물을 더 (큰 컵 , 작은 컵)에 옮겨 담았습니다.

2 뒤집었을 때 모양이 같은 컵 2개가 탁자 위에 있습니다. 두 컵에 물의 높이가 같도록 물을 담았습니다. 물을 더 적게 담은 컵에 ◯표 하세요.

추론

(   ) (   )

3 문제 해결

천재 박사님이 물이 가장 많이 들어 있는 그릇을 실험에 사용하려고 합니다. 다음 중 박사님이 사용할 그릇을 찾아 기호를 써 보세요.

가　　　　나　　　　다

(　　　　　　　　　　)

4주
1일

4 창의·융합

물 실로폰은 물이 많이 담길수록 낮은 음이 나고, 물이 적게 담길수록 높은 음이 납니다. 모양과 크기가 같은 병 5개에 높이를 모두 다르게 물을 담아 물 실로폰을 만들었습니다. 낮은 음이 나는 병부터 차례로 두드리려고 할 때 순서대로 기호를 써 보세요.

(　　　　　　　　　　)

1 여러 가지 방법으로 10 모으기와 가르기

1과 9를 모으기 하면 10이 됩니다.

| 1 | 2 | 3 | 4 | 5 | 6 | 7 | 8 | 9 |
| 9 | 8 | 7 | 6 | 5 | 4 | 3 | 2 | 1 |

10

모으기

10은 1과 9로 가르기 할 수 있습니다.

가르기

활동 문제 도로시와 세 친구의 표지판에 써 있는 수만큼 물건이 있어야 성에 갈 수 있습니다. 주어진 물건을 세어 보고 더 필요한 물건의 수를 ☐ 안에 써넣으세요.

주어진 물건 →

도로시

표지판 →

빨간 구두가
10켤레 있어야 합니다.

양철 나무꾼

기름통이
10개 있어야 합니다.

사자

턱받이가
10개 있어야 합니다.

허수아비

밀짚 모자가
10개 있어야 합니다.

2 십몇 알아보기

11부터 19까지의 수는 10개씩 묶음 1개와 낱개로 이루어져 있습니다.

└→ 여럿 가운데 따로따로인 한 개 한 개

1★	10개씩 묶음	1
	낱개	★

1★	읽기	십★(십일, 십이…… 십팔, 십구)
		열★(열하나, 열둘…… 열여덟, 열아홉)

활동 문제 친구들이 비눗방울을 만들고 있습니다. 같은 수를 나타내는 것끼리 이어 보세요.

1-1 민호의 책꽂이에는 동화책이 7권 꽂혀 있습니다. 오늘 선물로 동화책을 3권 더 받아서 모두 책꽂이에 꽂았습니다. 책꽂이에 꽂혀 있는 동화책은 모두 몇 권일까요?

(　　　　　　　　)

> 7과 3을 모으기 하면 몇이 되는지 알아봅니다.

1-2 수진이는 초콜릿을 어제는 4개 먹었고, 오늘은 6개 먹었습니다. 수진이가 어제와 오늘 먹은 초콜릿은 모두 몇 개일까요?

(1) 4와 6을 모으기 하면 얼마일까요?

(　　　　　　　　)

(2) 수진이가 어제와 오늘 먹은 초콜릿은 모두 몇 개일까요?

(　　　　　　　　)

1-3 주머니 안에 구슬이 10개 들어 있었습니다. 주머니에서 구슬을 5개 꺼냈다면 주머니 안에 남아 있는 구슬은 몇 개일까요?

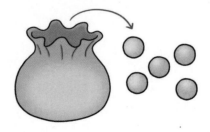

(1) 10은 5와 몇으로 가르기 할 수 있을까요?

(　　　　　　　　)

(2) 주머니 안에 남아 있는 구슬은 몇 개일까요?

(　　　　　　　　)

2-1 연호는 문구점에서 한 통에 10자루씩 들어 있는 색연필 1통과 한 통에 2자루씩 들어 있는 볼펜 2통을 샀습니다. 연호가 산 색연필과 볼펜은 모두 몇 자루일까요?

(   )

- 구하려는 것: 연호가 산 색연필과 볼펜의 수
- 주어진 조건: 한 통에 들어 있는 색연필과 볼펜의 수, 산 색연필과 볼펜의 통수
- 해결 전략: 10개씩 묶음 1개와 낱개 ▲개인 수는 1▲입니다.

2-2 찬미 어머니는 한 상자에 10개씩 들어 있는 감자 1상자와 한 상자에 3개씩 들어 있는 고구마 2상자를 샀습니다. 찬미 어머니가 산 감자와 고구마는 모두 몇 개일까요?

(   )

2-3 세진이는 어머니 심부름으로 한 봉지에 다음과 같이 들어 있는 고추 1봉지와 오이 2봉지를 샀습니다. 세진이가 산 고추와 오이는 모두 몇 개일까요?

고추 한 봉지

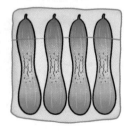
오이 한 봉지

(   )

2일 사고력 · 코딩

1
문제 해결

민태가 쓴 그림 일기입니다. 알맞게 읽은 것에 ○표 하고 ☐ 안에 알맞은 수를 써넣으세요.

주말농장에서 고구마를 16(열여섯 , 십육)개 캤다.

한 바구니에 10개씩 넣으니 ☐ 바구니가 되고 ☐ 개가 남았다.

16(열여섯 , 십육)일 후에 올 때는 감자를 캐기로 했다.

2
문제 해결

주원이네 반 학생들이 앞에서부터 번호 순서대로 모두 줄을 섰습니다. 주원이 뒤로 2명이 더 서 있을 때 물음에 답하세요.

(1) 주원이의 번호는 몇 번일까요?

(   )

(2) 주원이 뒤로 맨 뒤에 서 있는 학생의 번호는 몇 번일까요?

(   )

3 창의·융합 옛날 마야 사람들은 다음과 같이 수를 나타내었다고 합니다. 13과 19를 마야 사람들의 규칙에 따라 나타내어 보세요.

4 추론 세인이와 민준이가 수 이어 말하기 놀이를 하고 있습니다. 물음에 답하세요.

수 이어 말하기 놀이

• 1부터 시작하여 한 명이 1개부터 3개까지의 수를 이어 말할 수 있습니다.
• 19를 말하는 사람이 이깁니다.

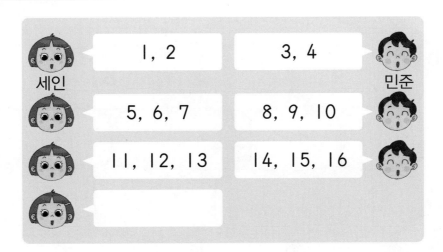

(1) 세인이가 이번 차례에 수를 2개 말하고 끝내면 이 놀이는 누가 이길까요?

( )

(2) 세인이가 이기려면 이번 차례에 수를 어떻게 말해야 할까요?

( )

1 이어 세기를 이용하여 1 9까지의 수를 모으기

예 8과 □를 모으기 하면 11이 됩니다.

➡ 8 다음의 수부터 이어 세면 9, 10, 11로 3개의 수를 이어 세었으므로 □는 3입니다. 8과 모으기 하여 11이 되는 수는 3입니다.

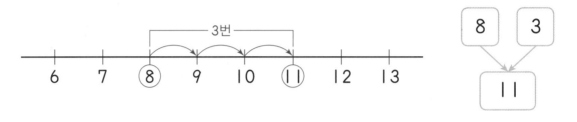

활동 문제 신기한 나라 사람들이 과자로 집을 만들고 있습니다. 빈 곳에 알맞은 수를 써 넣어 집을 완성해 보세요.

2 거꾸로 세기를 이용하여 19까지의 수를 가르기

[예] 14를 4와 □로 가르기 합니다.

→ 14 앞의 수부터 4개의 수를 거꾸로 세면 13, 12, 11, 10으로 10이 되었으므로 □는 10입니다. 14는 4와 10으로 가르기 할 수 있습니다.

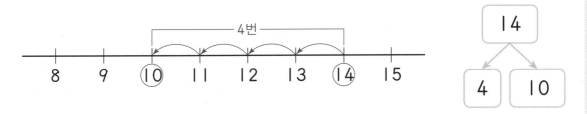

활동 문제 무당벌레가 겉날개에 있는 점의 수와 같은 수가 적힌 진딧물을 먹고 있습니다. 무당벌레 겉날개에 점을 알맞게 그려 넣으세요.

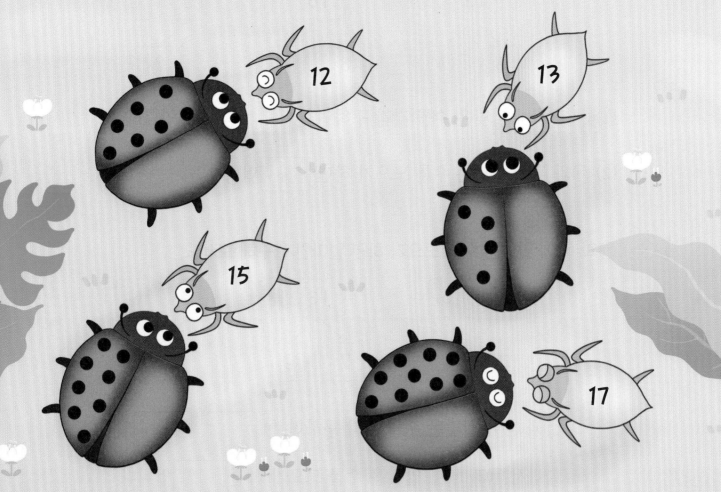

1-1 ㉠과 ㉡에 알맞은 수를 모으기 하면 얼마인지 구해 보세요.

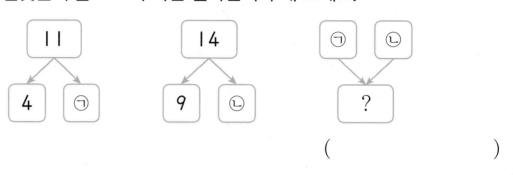

(   )

먼저 11과 14를 각각 가르기 하여 ㉠과 ㉡에 알맞은 수를 구해 봅니다.

1-2 ㉠과 ㉡에 알맞은 수를 모으기 하면 얼마인지 구해 보세요.

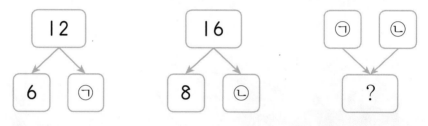

(1) ㉠과 ㉡에 알맞은 수를 각각 구하면 ㉠ ☐, ㉡ ☐ 입니다.

(2) ㉠과 ㉡에 알맞은 수를 모으기 하면 ☐ 입니다.

1-3 ㉠과 ㉡에 알맞은 수를 모으기 하면 얼마인지 구해 보세요.

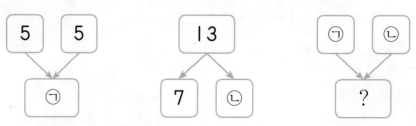

㉠과 ㉡에 알맞은 수를 각각 구하면 ㉠ ☐, ㉡ ☐ 입니다.

따라서 ㉠과 ㉡에 알맞은 수를 모으기 하면 ☐ 입니다.

2-1 민호가 가지고 있는 동화책과 위인전은 모두 11권입니다. 동화책이 위인전보다 3권 더 적다고 할 때 동화책은 몇 권인지 구해 보세요.

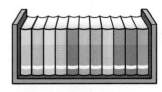

(   )

- 구하려는 것: 동화책의 수
- 주어진 조건: 동화책과 위인전은 모두 11권, 동화책이 위인전보다 3권 더 적음
- 해결 전략: 11을 두 수로 가르기 한 것 중 가르기 한 두 수의 차가 3인 경우를 찾아봅니다.

2-2 영미가 가지고 있는 색연필과 크레파스는 모두 14자루입니다. 색연필이 크레파스보다 4자루 더 적다고 할 때 색연필은 몇 자루인지 구해 보세요.

(   )

2-3 윤석이가 가지고 있는 빨간색 구슬과 파란색 구슬은 모두 16개입니다. 파란색 구슬이 빨간색 구슬보다 6개 더 많다고 할 때 파란색 구슬은 몇 개인지 구해 보세요.

(   )

2-4 부길이가 가지고 있는 사탕과 초콜릿은 모두 17개입니다. 초콜릿이 사탕보다 7개 더 많다고 할 때 초콜릿은 몇 개인지 구해 보세요.

(   )

1 창의·융합

1부터 10까지의 수를 로마수로 나타낸 것입니다. ☐ 안에 알맞은 수를 써넣으세요.

1	2	3	4	5	6	7	8	9	10
I	II	III	IV	V	VI	VII	VIII	IX	X

(1)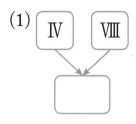

(2)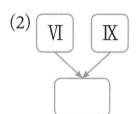

(3)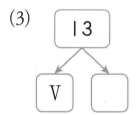

(4)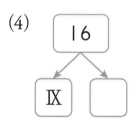

2 추론

위층의 수를 아래층의 2칸으로 가르기 하는 규칙에 따라 ★을 가르기 하여 각 칸에 써넣었더니 맨 아래층의 수가 3, 4, 8이었습니다. ★을 구해 보세요.

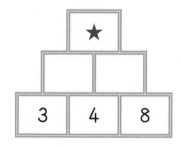

(   )

3
문제 해결

윤지와 동생이 가지고 있는 사탕을 모은 후 같은 수만큼 나누어 가지려고 합니다. 빈 접시에 두 사람이 각각 가져야 할 사탕의 수만큼 ○를 그려 보세요.

윤지   동생   윤지   동생

4
추론

하나의 굴렁쇠 안의 수를 모으기 하면 17로 모두 같습니다. □ 안에 알맞은 수를 써넣으세요.

┌─ 6과 11을 모으기 하면
│ 17입니다.

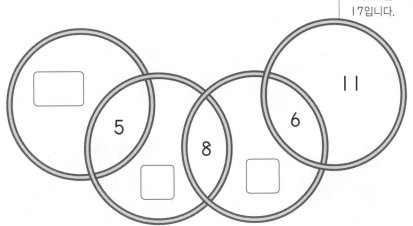

1 몇십과 몇십몇 알아보기

• 몇십

20

10개씩 묶음 2개
읽기 이십, 스물

10개씩 묶음 ■개 ➡ ■0

• 몇십몇

37

10개씩 묶음	낱개
3	7

10개씩 묶음 ■개와 낱개 ▲개 ➡ ■▲

활동 문제 오늘은 민주네 아빠와 엄마의 생일입니다. 생일 케이크에 꽂혀 있는 초를 보고 민주네 아빠와 엄마의 나이를 구해 보세요. (단, 긴 초는 10살, 짧은 초는 1살을 나타냅니다.)

아빠: ☐ 살

엄마: ☐ 살

▶ 정답 및 해설 29쪽

2 50까지의 수의 순서 알아보기

수를 순서대로 쓰면 1씩 커지고 수를 거꾸로 쓰면 1씩 작아집니다.

→ 1씩 커집니다.

↱ 8과 10 사이의 수

10씩 커집니다.

1	2	3	4	5	6	7	8	9	10
11	12	13	14	15	16	17	18	19	20
21	22	23	24	25	26	27	28	29	30
31	32	33	34	35	36	37	38	39	40
41	42	43	44	45	46	47	48	49	50

10씩 작아집니다.

1씩 작아집니다. ←

4주
4일

활동 문제 다음 대화를 읽고 주희의 사물함에 ○표, 영호의 사물함에 △표 하세요.

내 사물함은 19번이야. 네 사물함은 몇 번이야?

주희

내 사물함은 27번이야. 우리 사물함은 어디에 있지?

영호

1-1 30명이 탈 수 있는 버스에 2모둠의 학생들이 탔습니다. 한 모둠이 10명씩일 때, 버스에 더 탈 수 있는 학생은 몇 명일까요?

(   )

10명씩 몇 모둠이 더 탈 수 있는지 알아봅니다.

1-2 현철이는 가지고 있는 동화책 40권 중에서 10권씩 묶음 3개를 읽었습니다. 현철이가 동화책을 다 읽으려면 몇 권을 더 읽어야 할까요?

(1) 동화책 40권은 10권씩 묶음으로 몇 개일까요?

(   )

(2) 현철이가 더 읽어야 할 동화책은 10권씩 묶음으로 몇 개일까요?

(   )

(3) 현철이가 동화책을 다 읽으려면 몇 권을 더 읽어야 할까요?

(   )

1-3 한 상자에 10자루씩 들어 있는 색연필을 효주는 3상자 가져오고, 상준이는 2상자 가져왔습니다. 두 사람이 가져온 색연필은 모두 몇 자루일까요?

(1) 두 사람이 가져온 색연필은 모두 몇 상자일까요?

(   )

(2) 두 사람이 가져온 색연필은 모두 몇 자루일까요?

(   )

2-1 원재는 14일부터 17일까지, 안나는 16일부터 19일 까지 매일 공원에 갔습니다. 두 사람 모두 공원에 간 날은 모두 며칠일까요?

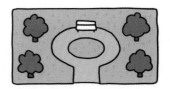

(   )

- 구하려는 것: 두 사람 모두 공원에 간 날수
- 주어진 조건: 원재와 안나가 공원에 간 날짜
- 해결 전략: 날짜를 순서대로 써서 겹치는 날을 찾아봅니다.

2-2 주원이는 18일부터 22일까지, 서완이는 20일부터 24일까지 매일 수영장에 갔습니다. 두 사람 모두 수영장에 간 날은 모두 며칠일까요?

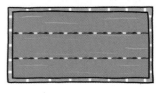

(   )

2-3 준서는 21일부터 26일까지, 찬빈이는 23일부터 28일까지 매일 학원에 갔습니다. 두 사람 모두 학원에 간 날은 모두 며칠일까요?

(   )

2-4 유나는 5월 26일부터 매일 도서관에 가고 있고, 민서는 5월 28일까지 매일 도서관에 갔습니다. 두 사람 모두 도서관에 간 날은 모두 며칠일까요?

(   )

1 어느 건물의 승강기 버튼입니다. 빈 곳에 알맞은 수를 써넣으세요.

창의 · 융합

2 같은 수를 나타내는 것끼리 같은 모양으로 표시해 보세요.

문제 해결

3 문제 해결
주어진 쌓기나무로 보기 의 모양을 몇 개 만들 수 있을까요?

보기

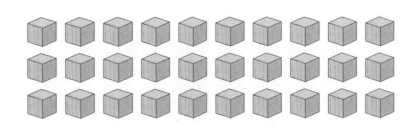

(   )

4 문제 해결
학생 25명이 10명씩 모둠 만들기 놀이를 하고 있습니다. 바르게 말한 사람의 이름을 써 보세요.

모둠을 만들면 5명이 남네.

5모둠을 만들 수 있어.

민준

세인

(   )

5 창의·융합
장우의 동화책이 그림과 같이 찢어졌습니다. 찢어진 부분은 모두 몇 쪽일까요?

26쪽과 31쪽 사이가 찢어졌어.

(   )

1 더 큰 수, 더 작은 수

- 1만큼 더 큰 수, 1만큼 더 작은 수

  수를 순서대로 썼을 때

  바로 뒤의 수 ➡ 1만큼 더 큰 수

  바로 앞의 수 ➡ 1만큼 더 작은 수

- ■보다 큰 수, ■보다 작은 수

  수를 순서대로 썼을 때

  ■ 뒤에 있는 수 ➡ ■보다 큰 수

  ■ 앞에 있는 수 ➡ ■보다 작은 수

활동 문제 멋진 조종사 아저씨들이 비행기로 글씨를 쓰려고 합니다. 비행기가 나타내는 수를 구름에서 찾아 ☐ 안에 알맞은 말을 써넣으세요.

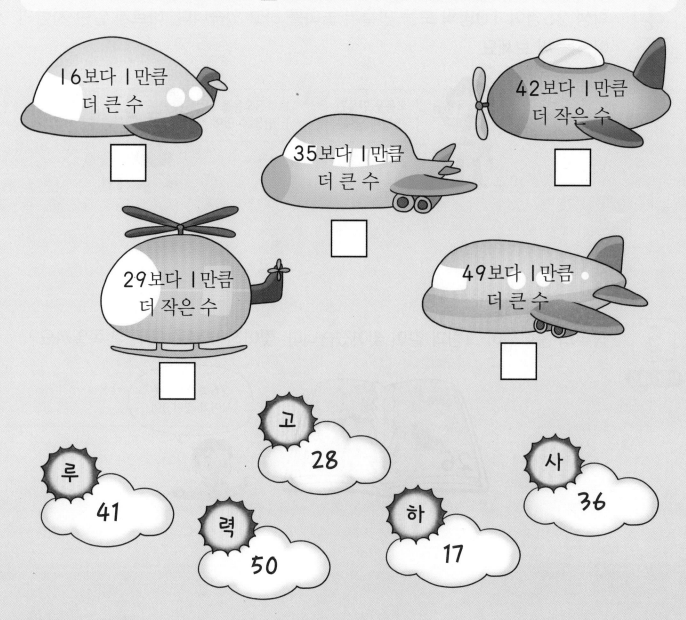

▶ 정답 및 해설 30쪽

2 수 카드로 가장 큰 수, 가장 작은 수 만들기

- [2], [1], [4]로 가장 큰 몇십몇 만들기

  ① 수 카드의 수를 큰 수부터 순서대로 씁니다. → [4], [2], [1]

  ② 가장 큰 수를 10개씩 묶음의 수로 하고, 두 번째로 큰 수를 낱개의 수로 합니다. → 42

- [3], [4], [2]로 가장 작은 몇십몇 만들기

  ① 수 카드의 수를 작은 수부터 순서대로 씁니다. → [2], [3], [4]

  ② 가장 작은 수를 10개씩 묶음의 수로 하고, 두 번째로 작은 수를 낱개의 수로 합니다. → 23

활동 문제 버스와 트럭에 있는 수를 한 번씩만 사용하여 만들 수 있는 몇십몇이 쓰여 있는 주차칸에 주차를 하려고 합니다. 버스는 가장 큰 몇십몇이 있는 곳에, 트럭은 가장 작은 몇십몇이 있는 곳에 주차할 수 있도록 이어 보세요.

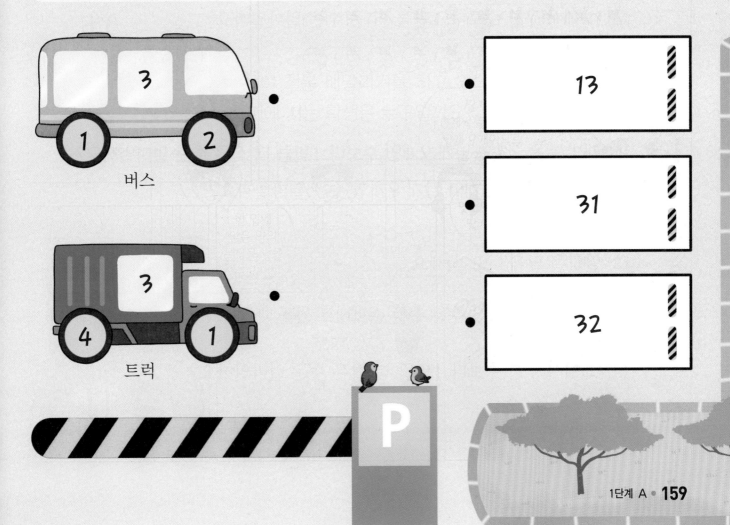

버스

트럭

13

31

32

P

1-1 10개씩 묶음 2개와 낱개 7개인 수보다 1만큼 더 큰 수는 얼마일까요?

(   )

1만큼 더 큰 수는 수를 순서대로 썼을 때 바로 뒤의 수입니다.

1-2 10개씩 묶음 4개와 낱개 6개인 수보다 1만큼 더 큰 수는 얼마일까요?

(1) 10개씩 묶음 4개와 낱개 6개인 수는 얼마일까요?

(   )

(2) 알맞은 말에 ○표 하세요.

1만큼 더 큰 수는 수를 순서대로 썼을 때 바로 (앞 , 뒤)의 수입니다.

(3) (1)에서 구한 수보다 1만큼 더 큰 수는 얼마일까요?

(   )

1-3 10개씩 묶음 3개와 낱개 9개인 수보다 1만큼 더 작은 수는 얼마일까요?

(1) 10개씩 묶음 3개와 낱개 9개인 수는 얼마일까요?

(   )

(2) 알맞은 말에 ○표 하세요.

1만큼 더 작은 수는 수를 순서대로 썼을 때 바로 (앞 , 뒤)의 수입니다.

(3) (1)에서 구한 수보다 1만큼 더 작은 수는 얼마일까요?

(   )

2-1 원호와 수정이가 갖고 있는 수 카드 중 2장을 골라 한 번씩만 사용하여 가장 큰 몇십몇을 만들었습니다. 만든 몇십몇이 더 큰 사람은 누구일까요?

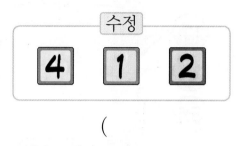

(   )

- 구하려는 것: 만든 몇십몇이 더 큰 사람
- 주어진 조건: 원호와 수정이가 갖고 있는 수 카드
- 해결 전략: 한 명씩 가장 큰 몇십몇을 만들어 봅니다.

4주
5일

2-2 우종이와 한미가 갖고 있는 수 카드 중 2장을 골라 한 번씩만 사용하여 가장 작은 몇십몇을 만들었습니다. 만든 몇십몇이 더 작은 사람은 누구일까요?

(   )

2-3 정범이와 은지가 갖고 있는 수 카드 중 2장을 골라 한 번씩만 사용하여 가장 큰 몇십몇을 만들었습니다. 만든 몇십몇이 더 큰 사람은 누구일까요?

(   )

1 요술 상자에 공을 넣으면 조건에 맞는 공만 나옵니다. 빈 곳에 알맞은 수를 써넣으세요.

문제 해결

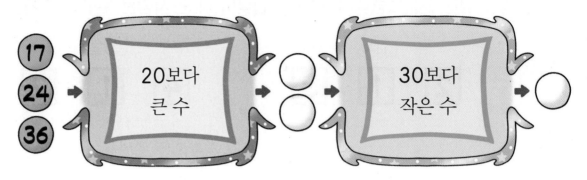

2 옛날 이집트 사람들은 다음과 같이 수를 나타내었다고 합니다. 수 카드 중 2장을 골라 한 번씩만 사용하여 만든 가장 작은 몇십몇을 이집트 사람들의 규칙에 따라 나타내어 보세요.

창의 · 융합

(1) **3** **2** **4**

→

(2) **5** **4** **3**

→

▶ 정답 및 해설 31쪽

3
문제 해결

알라딘은 동굴의 문이 내는 문제에 답해야 탈출할 수 있습니다. 알라딘이 동굴을 탈출할 수 있게 도와주세요.

(   )

4
추론

곰은 더 큰 수를 따라서 미로를 통과하여 꿀단지를 찾아가려고 합니다. 곰이 미로를 통과하는 길을 나타내어 보세요. (단, 곰은 오른쪽과 아래쪽으로만 갈 수 있습니다.)

10	17	20	30	24	36	37
12	23	19	34	41	14	29
42	15	31	45	27	26	39
32	47	40	18	33	48	16
46	22	11	49	35	13	50

1 첫째 아기돼지가 만든 지푸라기 집에 늑대가 입김을 불고 있습니다. 수와 수를 바르게 읽은 것끼리 줄을 이어 지푸라기 집이 날아가지 못하게 해 주세요. 창의·융합

2 토끼가 멋진 그릇을 만들고 있어요. 그런데 조금 힘들어 보여요. 친구들이 수를 차례로 이어 토끼를 도와주세요. 창의·융합

3 듬이와 냥이가 암호 놀이를 하려고 합니다. 암호판을 이용하여 물음에 답하세요. `코딩`

자음	ㄱ	ㄴ	ㄷ	ㄹ	ㅁ	ㅂ	ㅅ	ㅇ	ㅈ	ㅊ	ㅋ	ㅌ	ㅍ	ㅎ
수	1	2	3	4	5	6	7	8	9	10	11	12	13	14
모음	ㅏ	ㅑ	ㅓ	ㅕ	ㅗ	ㅛ	ㅜ	ㅠ	ㅡ	ㅣ				
수	15	16	17	18	19	20	21	22	23	24				

나 버리는 6, 17, 4, 24!

1 듬이와 냥이가 '친구'를 수로 나타내려고 합니다. ☐ 안에 알맞은 수를 써넣으세요.

듬이

'ㅊ'은 10,
'ㅣ'은 24,
'ㄴ'은 2니까
'친'은 10, 24, 2로
나타낼 수 있어.

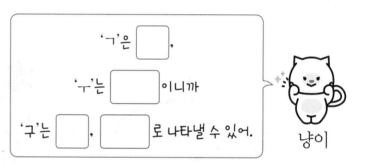

'ㄱ'은 ☐,

'ㅜ'는 ☐ 이니까

'구'는 ☐, ☐ 로 나타낼 수 있어.

냥이

2 다음 설명을 보고 어떤 단어인지 맞혀 보세요.

> • 첫 번째 글자: 13보다 1만큼 더 큰 수, 14와 16 사이의 수
>
> • 두 번째 글자: 14보다 1만큼 더 작은 수, 스물하나, 5

(　　　　　　　)

4 민준이와 세인이의 대화를 읽고 물음에 답하세요. 문제 해결

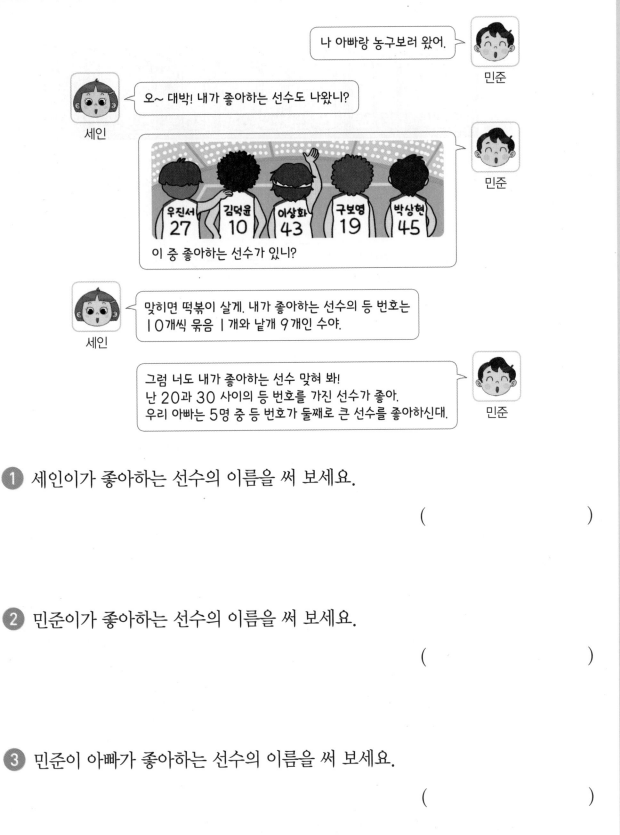

나 아빠랑 농구보러 왔어.
민준

오~ 대박! 내가 좋아하는 선수도 나왔니?
세인

우진서 27 김덕윤 10 이상화 43 구보영 19 박상현 45
이 중 좋아하는 선수가 있니?
민준

맞히면 떡볶이 살게. 내가 좋아하는 선수의 등 번호는
10개씩 묶음 1개와 낱개 9개인 수야.
세인

그럼 너도 내가 좋아하는 선수 맞혀 봐!
난 20과 30 사이의 등 번호를 가진 선수가 좋아.
우리 아빠는 5명 중 등 번호가 둘째로 큰 선수를 좋아하신대.
민준

❶ 세인이가 좋아하는 선수의 이름을 써 보세요.

(   )

❷ 민준이가 좋아하는 선수의 이름을 써 보세요.

(   )

❸ 민준이 아빠가 좋아하는 선수의 이름을 써 보세요.

(   )

4주
특강

5 책을 번호 순서대로 정리하여 꽂으려고 합니다. ☐ 안에 알맞은 수를 써넣으세요.

문제 해결

① 23번 책은 ☐번 책과 ☐번 책 사이에 꽂아야 합니다.

② 29번 책 다음에는 아마도 ☐번 책이 올 것입니다.

6 진호는 어린이 수학 신문에 나와 있는 숫자 퍼즐 문제를 풀려고 합니다. 가로 열쇠와 세로 열쇠를 보고 빈칸에 알맞은 수를 써넣어 퍼즐을 완성해 보세요. 코딩

가로 열쇠

① 열셋이라고 읽습니다.

③ 13과 15 사이의 수

⑤ 43보다 1만큼 더 작은 수

세로 열쇠

② 10개씩 묶음 3개와 낱개 1개인 수

④ 마흔넷이라고 읽습니다.

⑥ 24, 15, 25 중 가장 큰 수

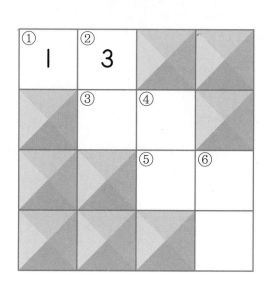

7 다음 세 그릇은 높이가 같고, 바닥에 닿은 면의 모양과 크기가 서로 같습니다. 그릇에 담을 수 있는 물의 양이 적은 것부터 차례로 기호를 써 보세요. 추론

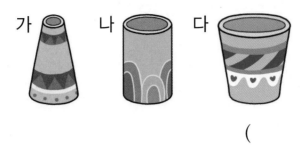

가   나   다

(   )

8 물이 들어 있는 그릇에 작은 구슬과 큰 구슬을 넣으면 물의 높이가 각각 다음과 같이 늘어난다고 합니다. 그릇 3개 중 2개에 구슬을 넣었습니다. 물이 가장 적게 들어 있는 그릇을 찾아 기호를 써 보세요. 문제 해결

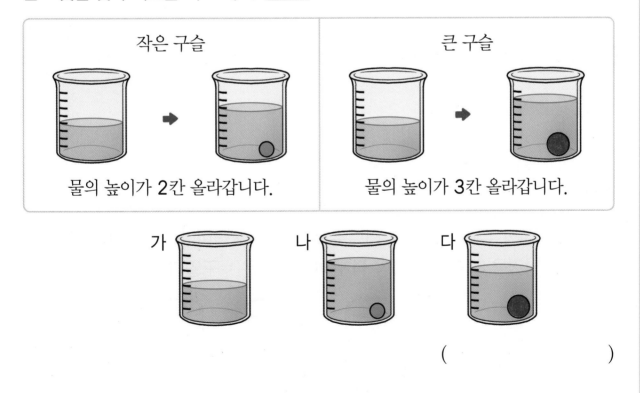

(   )

4주 특강

누구나 **100점** TEST

1 규현이는 사탕을 어제는 7개 먹었고, 오늘은 3개 먹었습니다. 규현이가 어제와 오늘 먹은 사탕은 모두 몇 개일까요?

(   )

2 40명이 탈 수 있는 버스에 3모둠의 학생들이 탔습니다. 한 모둠이 10명씩일 때, 버스에 더 탈 수 있는 학생은 몇 명일까요?

(   )

3 10개씩 묶음 3개와 낱개 9개인 수보다 1만큼 더 큰 수는 얼마일까요?

(   )

4 민규, 진석, 유리는 같은 양의 우유를 컵에 따랐습니다. 우유를 마시고 다음과 같이 남겼을 때 우유를 가장 적게 마신 사람은 누구일까요?

민규   진석   유리

(   )

5 ㉠과 ㉡에 알맞은 수를 모으기 하면 얼마인지 구해 보세요.

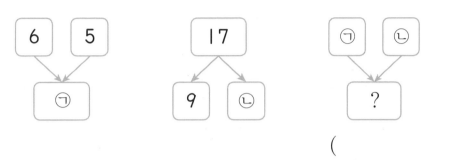

( )

6 민희는 문구점에서 한 통에 10자루씩 들어 있는 색연필 1통과 한 통에 3자루씩 들어 있는 볼펜 3통을 샀습니다. 민희가 산 색연필과 볼펜은 모두 몇 자루일까요?

( )

4주
테스트

7 수정이가 가지고 있는 동화책과 위인전은 모두 13권입니다. 동화책이 위인전보다 1권 더 적다고 할 때 동화책은 몇 권인지 구해 보세요.

( )

8 현진이와 상훈이가 갖고 있는 수 카드 중 2장을 골라 한 번씩만 사용하여 가장 작은 몇십몇을 만들었습니다. 만든 몇십몇이 더 작은 사람은 누구일까요?

( )

memo

초등 수학 기초 학습 능력 강화 교재

2021 신간

하루하루 쌓이는 수학 자신감!

똑똑한 하루

수학 시리즈

초등 수학 첫 걸음

수학 공부, 절대 지루하면 안 되니까~
하루 10분 학습 커리큘럼으로
쉽고 재미있게 수학과 친해지기!

학습 영양 밸런스

〈수학〉은 물론 〈계산〉, 〈도형〉, 〈사고력〉편까지
초등 수학 전 영역을 커버하는 맞춤형 교재로
편식은 NO! 완벽한 수학 영양 밸런스!

창의·사고력 확장

초등학생에게 꼭 필요한 수학 지식과
창의·융합·사고력 확장을 위한
재미있는 문제 구성으로 힘찬 워밍업!

우리 아이 공부습관 프로젝트! 초1~초6

하루 수학 (총 6단계, 12권)

하루 계산 (총 6단계, 12권)

하루 도형 (총 6단계, 6권)

하루 사고력 (총 6단계, 12권)

정답 및 해설
포인트 3가지

▶ 한눈에 알아볼 수 있는 정답 제시

▶ 혼자서도 이해할 수 있는 문제 풀이

▶ 꼭 필요한 사고력 유형 풀이 제시

똑 똑 한

하루
사고력

창의·융합·서술·코딩

정답 및 해설

1주 ──────────── 2쪽

2주 ──────────── 10쪽

3주 ──────────── 18쪽

4주 ──────────── 25쪽

초등
수학 1A
1학년 수준

이번 주에는 무엇을 공부할까? ❷　6쪽~7쪽

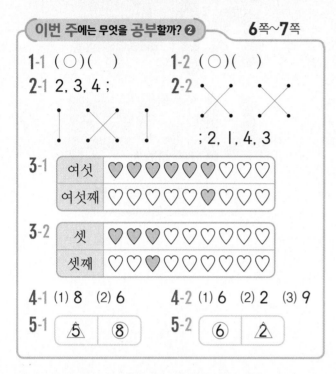

1-1 (◯)( )　　1-2 (◯)( )

2-1 2, 3, 4 ;

2-2 ; 2, 1, 4, 3

3-1
| 여섯 | ♥♥♥♥♥♥♡♡♡ |
| 여섯째 | ♡♡♡♡♡♥♡♡♡ |

3-2
| 셋 | ♥♥♥♡♡♡♡♡♡ |
| 셋째 | ♡♡♥♡♡♡♡♡♡ |

4-1 (1) 8　(2) 6　　4-2 (1) 6　(2) 2　(3) 9

5-1 ⑤　⑧　　5-2 ⑥　△

1-1 도토리의 수는 3, 밤의 수는 4입니다.

1-2 빵의 수는 7, 도넛의 수는 6입니다.

2-1 차례로 1, 2, 3, 4를 씁니다.
앞에서부터 차례로 첫째, 둘째, 셋째, 넷째입니다.

2-2 앞에서부터 차례로 첫째, 둘째, 셋째, 넷째이고, 첫째는 1, 둘째는 2, 셋째는 3, 넷째는 4로 나타냅니다.

3-1 여섯은 ♡ 6개에 색칠하고, 여섯째는 여섯째 ♡ 1개에만 색칠합니다.

[주의]
몇째를 색칠할 때에는 몇째에 해당하는 1개에만 색칠합니다.

3-2 셋은 ♡ 3개에 색칠하고, 셋째는 셋째 ♡ 1개에만 색칠합니다.

4-1 (1) 7보다 1만큼 더 큰 수는 7 바로 뒤의 수인 8입니다.
(2) 7보다 1만큼 더 작은 수는 7 바로 앞의 수인 6입니다.

4-2 (1) 5보다 1만큼 더 큰 수는 5 바로 뒤의 수인 6입니다.

---

(2) 3보다 1만큼 더 작은 수는 3 바로 앞의 수인 2입니다.

(3) 8보다 1만큼 더 큰 수는 8 바로 뒤의 수인 9입니다.

5-1 수를 순서대로 썼을 때 앞에 있을수록 작습니다.

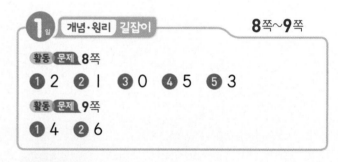

➡ 5가 8보다 작습니다.
8이 5보다 큽니다.

5-2

➡ 2가 6보다 작습니다.
6이 2보다 큽니다.

1일　개념·원리 길잡이　8쪽~9쪽

활동 문제 8쪽
❶ 2　❷ 1　❸ 0　❹ 5　❺ 3

활동 문제 9쪽
❶ 4　❷ 6

활동 문제 8쪽

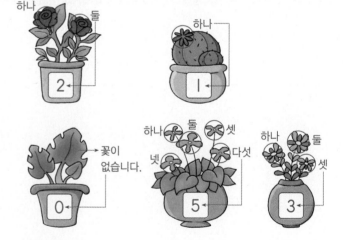

활동 문제 9쪽

강아지가 집에 도착할 때까지 한 칸씩 이동하며 세어 봅니다.

❶

❷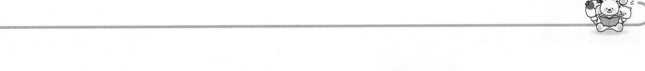

I칸 2칸 3칸 4칸 5칸 6칸

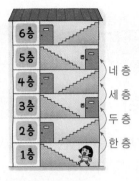

6층 / 5층 / 4층 / 3층 / 2층 / 1층

네 층 / 세 층 / 두 층 / 한 층

→ 1층에서부터 네 층을 올라가면 5층입니다.

정답 및 해설

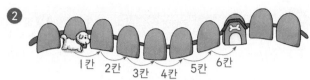
1일 | 서술형 길잡이 | 독해력 길잡이 | **10**쪽~**11**쪽

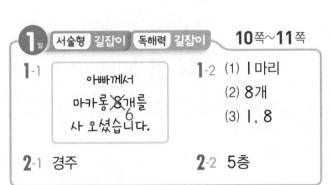

1-1
아빠께서
마카롱 <s>8</s>개를
6
사 오셨습니다.

1-2 (1) 1마리
(2) 8개
(3) 1, 8

2-1 경주

2-2 5층

1-1

→마카롱

마카롱을 세어 보면 여섯이고, 여섯은 6입니다.
➡ 8을 6으로 고쳐 씁니다.

1-2

문어 1마리
다리 8개

➡ 문어는 1마리이고 문어의 다리는 8개입니다.

2-1 주사위의 눈의 수가 5개이므로 5칸을 이동합니다.

현재 위치 1칸 2칸 3칸 4칸
서울 / 제주도 / 공주 / 부산 / 보석 시장 / 5칸
인천 / 대한민국 한 바퀴 / 경주
태안 / 군산
속초 / 가평 / 울릉도 / 여수 / 남해 / 무인도

2-2 구하려는 것 영주가 올라가야 하는 층

주어진 조건 주사위의 눈, 1층에서부터 주사위의 눈의 수만큼의 층수를 올라감

해결 전략 주사위의 눈의 수가 4개이므로 1층에서부터 네 층을 올라가면 몇 층인지 알아봅니다.

1일 | 사고력·코딩 | **12**쪽~**13**쪽

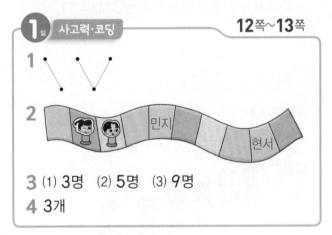

1 · · · ·

2 민지 / 현서

3 (1) 3명 (2) 5명 (3) 9명

4 3개

---

1 조건에 맞는 구슬만 셉니다.

→ 파란색 구슬은 4개
구슬은 모두 4개

→ 파란색 구슬은 5개,
노란색 구슬은 2개
구슬은 모두 7개

2 민지의 주사위의 눈은 3개이므로 앞으로 3칸, 현서의 주사위의 눈은 6개이므로 앞으로 6칸 움직입니다.

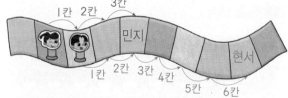
1칸 2칸 3칸
민지 / 현서
1칸 2칸 3칸 4칸 5칸 6칸

3 희재 앞에 있는 친구들: 3명 / 희재 / 희재 뒤에 있는 친구들: 5명

모두 9명

(3) 희재 앞에 있는 친구와 희재, 희재 뒤에 있는 친구까지 모두 셉니다.

4

상자에 담을 쿠키 6개를 묶고 남은 것만 세어 보면 하나, 둘, 셋으로 3개입니다.
따라서 포장하고 남는 쿠키는 3개입니다.

2일 개념·원리 길잡이　14쪽~15쪽

활동 문제 14쪽

활동 문제 15쪽

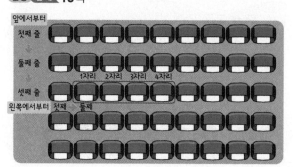

활동 문제 14쪽
줄의 앞에서부터 차례로 세어 셋째를 찾습니다.

활동 문제 15쪽

앞에서부터
첫째 줄
둘째 줄
　　　1자리 2자리 3자리 4자리
셋째 줄
왼쪽에서부터 첫째　둘째

앞에서부터 셋째 줄을 찾고, 그 줄의 왼쪽에서부터 둘째 자리를 찾습니다. 찾은 자리부터 차례로 4자리에 ○표 합니다.

2일 서술형 길잡이　독해력 길잡이　16쪽~17쪽

1-1 둘

1-2 (1), (2)

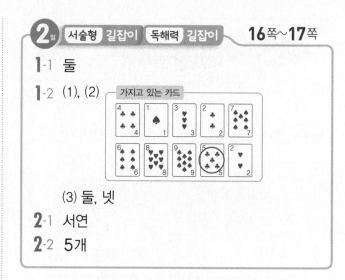

　　(3) 둘, 넷

2-1 서연

2-2 5개

1-1 영후가 고른 장난감은 🤖 입니다.
왼쪽에서 넷째 칸은 오른쪽에서 둘째 칸입니다.

1-2 펼쳐진 카드에는 ◆ 모양과 숫자 5가 있으므로 ◆ 모양이 그려진 카드나 숫자 5가 쓰인 카드를 찾아봅니다.

2-1 오른쪽에서 셋째에 해당하는 책 한 권을 가져온 서연이가 바르게 가져왔습니다.
효주는 왼쪽에 꽂힌 책 3권을 가져왔습니다.

2-2 구하려는 것 할머니께서 주신 사과의 수
주어진 조건 한 줄로 놓인 바구니에 담긴 사과들
해결 전략 ❶ 둘째 바구니 찾기
❷ 바구니에 담긴 사과의 수 세기
첫째 바구니 다음이 둘째 바구니이고 둘째 바구니에 담긴 사과의 수를 세어 보면 5개입니다.

2일 사고력·코딩　18쪽~19쪽

1 2(두), 둘째, 첫째

2

3 　　　　　　　　　　　　　; 5명

1

책장에 빈칸은 ㉠, ㉡으로 2칸입니다.
㉠은 윗줄 왼쪽에서 둘째 칸이고, ㉡은 아랫줄 오른쪽에서 첫째 칸입니다.

2 핫도그 4개를 그리고, 왼쪽에서 셋째를 찾아 케첩을 그립니다.

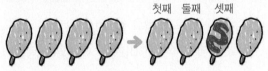

3

앞에서 둘째가 되도록 앞에 1명을 그리고 뒤에서 넷째가 되도록 뒤에 3명을 그립니다.
따라서 줄을 서 있는 사람은 모두 5명입니다.

3일 개념·원리 길잡이 　　　　　20쪽~21쪽

활동 문제 20쪽

7

활동 문제 21쪽

활동 문제 20쪽

수를 1부터 9까지 차례로 세어 보며 책을 찾아보면 7권이 없음을 알 수 있습니다.

활동 문제 21쪽

• 전래동화: 5와 7 사이의 수는 6이고, 8 다음의 수는 9이므로 9권과 6권의 자리가 서로 바뀌었습니다.
• 자연관찰: 수를 차례로 쓰면 1, 2, 3, 4……이므로 4권과 3권의 자리가 서로 바뀌었습니다.

정답 및 해설

3일 서술형 길잡이 　독해력 길잡이 　　22쪽~23쪽

1-1 2, 3 또는 3, 2

1-2 (1)

(2) 5, 4, 6 또는 5, 6, 4

2-1 7 한 장에 ×표, 8 　　　**2**-2 1, 9

1-1 왼쪽 의자부터 수를 차례로 써 보면 2번과 3번 풍선이 바뀌어 묶여 있음을 알 수 있습니다.

1-2 (2) 5는 4와 6 사이의 수이므로 5번 친구는 4번 친구와 6번 친구 사이에 서야 합니다.

2-1 7이 적힌 카드는 2장이고, 8이 적힌 카드는 없습니다. 따라서 7이 적힌 카드 중 한 장에 ×표하고 빈 카드에는 8을 써넣습니다.

2-2 구하려는 것 잘못 만들어진 부분 설명하기
　주어진 조건 숫자와 +, −, ×, ÷, =가 있는 계산기
　해결 전략 ❶ 겹치는 숫자 찾기
❷ 수를 차례로 세어 보며 없는 숫자 찾기
계산기에는 1부터 9까지의 수와 0, 계산 기호들이 있어야 합니다. 없는 숫자나 겹치는 숫자를 찾아보면 9 버튼은 2개가 있고 1 버튼은 없습니다.

3일 사고력·코딩 　　　　　24쪽~25쪽

1

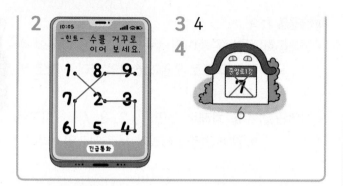

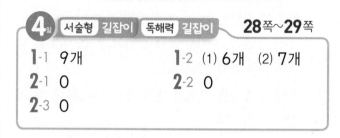

1 왼쪽 집게부터 수를 순서대로 써 보며 떨어진 종이의 위치를 찾아 이어 봅니다.

2 9부터 1까지의 수를 거꾸로 세면 9, 8, 7, 6, 5, 4, 3, 2, 1입니다.

3 수를 1부터 9까지 차례로 세어 보면 4가 없음을 알 수 있습니다.

4 수를 1부터 순서대로 세며 확인해 보면 6은 없고 7은 두 번 있습니다.

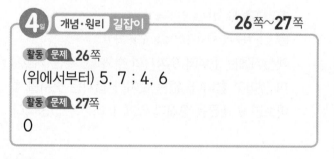

마을 입구에서부터 길의 왼쪽과 오른쪽에 번갈아 가며 수의 순서대로 도로명 주소가 붙여지므로 길의 오른쪽 7을 6으로 고쳐야 합니다.

4일 〔개념·원리〕 **길잡이**　　　　**26**쪽~**27**쪽

〔활동〕〔문제〕**26**쪽
(위에서부터) 5, 7 ; 4, 6

〔활동〕〔문제〕**27**쪽
0

〔활동〕〔문제〕**26**쪽

6 바로 앞의 수는 5이므로 6층에서 한 층 내려가면 5층이고 6 바로 뒤의 수는 7이므로 6층에서 한 층 올라가면 7층입니다.
5 바로 앞의 수는 4이므로 5층에서 한 층 내려가면 4층이고 5 바로 뒤의 수는 6이므로 5층에서 한 층 올라가면 6층입니다.

〔활동〕〔문제〕**27**쪽

준비한 치킨이 모두 팔렸으므로 남은 치킨은 없습니다. 따라서 남은 치킨은 0마리입니다.

4일 〔서술형〕**길잡이** 〔독해력〕**길잡이**　**28**쪽~**29**쪽

1-1 9개　　　　　**1**-2 (1) 6개　(2) 7개
2-1 0　　　　　　**2**-2 0
2-3 0

1-1 저금통에 있는 동전은 8개입니다.
8 바로 뒤의 수는 9이므로 저금통에 동전 1개를 더 넣으면 9개가 됩니다.

1-2 6 바로 뒤의 수는 7이므로 팽이를 한 개 더 만들면 7개가 됩니다.

2-1 도윤이는 이긴 적이 없으므로 0번 이겼습니다.

2-2 〔구하려는 것〕 엘리베이터에 타고 있는 사람 수
〔주어진 조건〕 2명이 타고 있었는데 2명이 모두 내렸음
〔해결 전략〕 2명이 모두 내리면 남은 사람은 없습니다. 아무것도 없는 것을 수로 어떻게 나타내는지 생각해 봅니다.
엘리베이터에 타고 있던 2명이 모두 내렸으므로 엘리베이터에는 아무도 없고 아무것도 없는 것을 수로 나타낼 때 0으로 씁니다.
따라서 엘리베이터에 타고 있는 사람은 0명입니다.

2-3 초콜릿 5개 중에서 5개를 모두 먹으면 남는 초콜릿은 없습니다.
따라서 남는 초콜릿은 0개입니다.

4일 〔사고력·코딩〕　　　　　　　**30**쪽~**31**쪽

1 9살
2
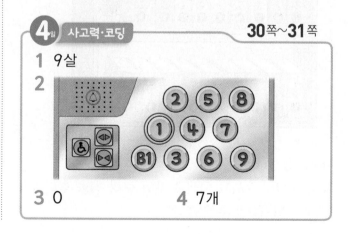
3 0　　　　　　　**4** 7개

1 8살보다 Ⅰ살 더 많으므로 8보다 Ⅰ만큼 더 큰 수, 8 바로 뒤의 수를 구합니다.

8 바로 뒤의 수는 9이므로 형은 9살입니다.

2 2 바로 앞의 수는 Ⅰ이므로 2층의 바로 아래층은 Ⅰ층입니다.

따라서 엘리베이터의 Ⅰ 버튼을 눌러야 합니다.

3 마지막 잎이 떨어지면 나무에 달린 잎은 하나도 없습니다.

따라서 나무에 달린 잎은 0장이 됩니다.

4 8개보다 Ⅰ개가 모자라므로 8보다 Ⅰ만큼 더 작은 수, 8 바로 앞의 수를 구합니다.

8 바로 앞의 수는 7이므로 도시락에 들어 있던 딸기는 7개입니다.

5일 개념·원리 길잡이　　　　　　32쪽~33쪽

활동 문제 **32쪽**

❶ 3과 Ⅰ을 비교하면 3이 더 큰 수이므로 3점인 선수가 이기고 있습니다.

❷ 2와 6을 비교하면 6이 더 큰 수이므로 6점인 선수가 이기고 있습니다.

❸ 5와 9를 비교하면 9가 더 큰 수이므로 9점인 선수가 이기고 있습니다.

활동 문제 **33쪽**

❶ 눈의 수를 세어 보면 4개, 5개, 2개이고 5개가 가장 많습니다.

❷

→ 7개　　→ 9개　　→ 8개

주사위 2개의 눈의 수를 모두 세어 보면 7개, 9개, 8개이고 9개가 가장 많습니다.

5일 서술형 길잡이　독해력 길잡이　　　34쪽~35쪽

1-1 작습니다, 큽니다, 적습니다, 많습니다

1-2 닭, 달걀, 많습니다 / 5, 7, 작습니다

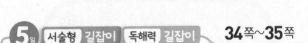

서로 바꿔 써도 정답입니다.

2-1 2번 줄

2-2 예 4, 더 많이 들어 있기 때문입니다.

1-2 닭은 7마리, 달걀은 5개입니다.

7은 5보다 큽니다. → 닭은 달걀보다 많습니다.

5는 7보다 작습니다. → 달걀은 닭보다 적습니다.

2-1 Ⅰ번 줄에는 6명이 서 있고, 2번 줄에는 3명이 서 있습니다.

3이 6보다 작고 사람이 더 적은 데 서야 빨리 받을 수 있으므로 2번 줄에 서는 것이 좋습니다.

2-2 구하려는 것 어떤 상자를 사는 것이 더 좋을지 이야기하기

주어진 조건 젤리가 3개 담긴 상자와 4개 담긴 상자, 두 상자의 값이 같음

해결 전략 ❶ 상자 속 젤리의 수 세어 보기

❷ 어떤 상자를 사는 것이 더 좋을지 생각해 보기

4가 3보다 더 크므로 4개가 담긴 상자의 젤리가 더 많습니다.

[참고]
'젤리가 3개 담긴 상자를 사는 것이 더 좋습니다. 왜냐하면 젤리를 많이 먹으면 이가 상하기 때문입니다.' 등 젤리 상자를 고르고 젤리의 수를 비교하여 적절한 이유를 썼으면 정답입니다.

1

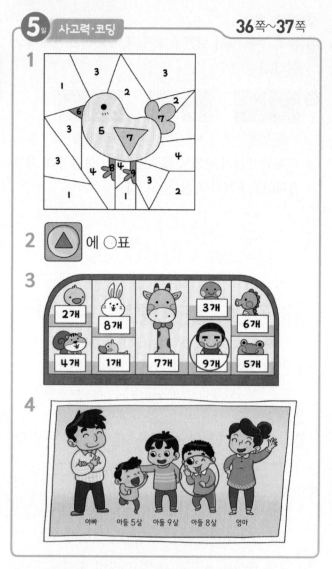

2 △ 에 ○표

3

4

아빠   아들 5살   아들 9살   아들 8살   엄마

1 가장 뜨거운 과일은? ; 예 천도복숭아

2

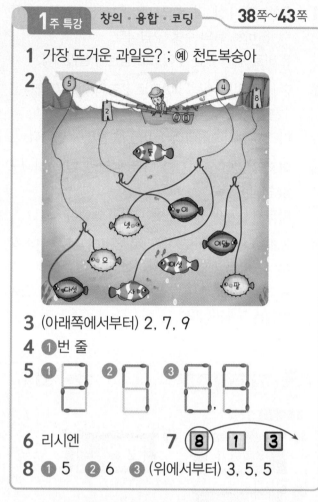

3 (아래쪽에서부터) 2, 7, 9

4 ❶번 줄

5 ❶   ❷   ❸

6 리시엔   **7** 8   1   3

8 ❶ 5   ❷ 6   ❸ (위에서부터) 3, 5, 5

---

1 4보다 큰 수이면 색칠하고 4보다 큰 수가 아니면 색칠하지 않는 규칙입니다.

   → 1부터 9까지의 수 중 4보다 큰 수는 5, 6, 7, 8, 9입니다. 따라서 5, 6, 7, 8, 9가 쓰인 칸에 색칠합니다.

2 서우는 2층에서 7층에 가려고 합니다.

   7이 2보다 크므로 올라가는 버튼을 눌러야 합니다.

3 수를 순서대로 썼을 때 뒤로 갈수록 큰 수입니다.

   9가 가장 큰 수이므로 엽전 9개짜리 인형이 가장 비쌉니다.

4 아들 3형제의 나이를 비교해 봅니다.

   5, 9, 8 중에서 9가 가장 큰 수, 8이 둘째로 큰 수, 5가 가장 작은 수입니다.

   따라서 첫째는 9살, 둘째는 8살, 셋째는 5살이고, 진후는 둘째이므로 8살입니다.

---

1 수수께끼를 완성하고 수수께끼의 답은 자유롭게 생각하여 답해 보도록 합니다.

2 5는 오 또는 다섯, 2는 이 또는 둘, 4는 사 또는 넷, 8은 팔 또는 여덟으로 읽습니다.

   여섯은 6입니다.

3 9, 2, 7 중에서 2가 가장 작고 9가 가장 큽니다.

4 ❶번 줄에는 인형을 받을 수 있는 사람의 수가 줄을 선 사람의 수보다 많으므로 ❶번 줄에 서면 인형을 받을 수 있습니다.

   ❷번 줄에는 인형을 받을 수 있는 사람의 수가 줄을 선 사람의 수보다 적으므로 ❷번 줄에 서면 인형을 받을 수 없습니다.

5 ❶ 3보다 작은 수는 0, 1, 2입니다.

   이 중 성냥개비 1개를 옮겨서 만들 수 있는 수는 2입니다.

   ❷ 4보다 큰 수는 5, 6, 7, 8, 9입니다.

   이 중 성냥개비 1개를 옮겨서 만들 수 있는 수는 7입니다.

③ 6보다 작은 수 0, 1, 2, 3, 4, 5 중에서 성냥개비 1개를 옮겨서 만들 수 있는 수는 0입니다.
6보다 큰 수 7, 8, 9 중에서 성냥개비 1개를 옮겨서 만들 수 있는 수는 9입니다.

> **참고**
> 성냥개비를 1개 옮겨도 사용한 성냥개비의 수는 변하지 않습니다. 따라서 각각의 수를 만드는 데 필요한 성냥개비의 수를 생각해 보면 만들 수 있는 수를 쉽게 찾을 수 있습니다.

6 치앤은 6살이고 리시엔은 9살입니다.
9가 6보다 크므로 리시엔의 나이가 더 많습니다.

7 8, 1, 3을 작은 수부터 차례로 놓으면 1, 3, 8입니다. 따라서 8을 3 뒤로 옮기면 됩니다.

8 는 넣은 수보다 1만큼 더 큰 수가 나옵니다.
는 넣은 수보다 1만큼 더 작은 수가 나옵니다.
는 넣은 두 수 중 더 큰 수가 나옵니다.

① 4보다 1만큼 더 큰 수는 4 바로 뒤의 수인 5입니다.

② 7보다 1만큼 더 작은 수는 7 바로 앞의 수인 6입니다.

③ • 2보다 1만큼 더 큰 수는 2 바로 뒤의 수인 3입니다.
• 6보다 1만큼 더 작은 수는 6 바로 앞의 수인 5입니다.
• 3과 5 중에서 더 큰 수는 5입니다.

누구나 100점 TEST **44쪽~45쪽**

1 무인도

2

3
| 7 | 4 |

4

---

5 ④ 한 장에 ×표, 2 **6** 7살

7

8 6, 4 ; 의자, 학생

1

> 주사위의 눈의 수는 3개이므로 지금 있는 칸에서 3칸 이동합니다.
> 보석 시장에서 3칸 이동하면 무인도입니다.

2 앞에서부터 차례로 세어 다섯째를 찾아 ○표 합니다.

3 7이 4보다 크므로 7점인 선수가 이겼습니다.

4 핫도그 7개를 그리고, 오른쪽에서 둘째를 찾아 케첩을 그립니다.

5 4가 적힌 카드는 2장이고, 2가 적힌 카드는 없습니다.

6 8살보다 1살 더 적으므로 8보다 1만큼 더 작은 수, 8 바로 앞의 수를 구합니다.
8 바로 앞의 수는 7이므로 동생은 7살입니다.

7 5 바로 뒤의 수는 6이므로 5층의 바로 위층은 6층입니다.
따라서 엘리베이터의 6 버튼을 눌러야 합니다.

8 • 4와 6을 비교할 때에는 큽니다, 작습니다로 나타냅니다.
➡ 4는 6보다 작습니다.
6은 4보다 큽니다.
• 의자의 수와 학생의 수를 비교할 때는 많습니다, 적습니다로 나타냅니다.
➡ 의자는 학생보다 적습니다.
학생은 의자보다 많습니다.

2주

이번 주에는 무엇을 공부할까? ❷   48쪽~49쪽

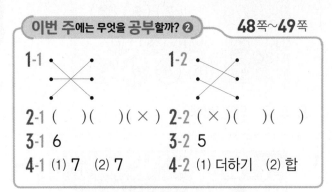

2-1 ( )( )(×)   2-2 (×)( )( )

3-1 6   3-2 5

4-1 (1) 7 (2) 7   4-2 (1) 더하기 (2) 합

1-1  모양: 주사위, 🥫 모양: 풀, ⚾ 모양: 야구공

1-2 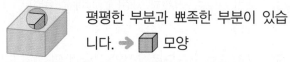 평평한 부분과 둥근 부분이 있습니다. ➡ 🥫 모양

모든 부분이 둥급니다. ➡ ⚾ 모양

평평한 부분과 뾰족한 부분이 있습니다. ➡ 📦 모양

2-1 구슬은 ⚾ 모양입니다. ⚾ 모양은 잘 쌓을 수 없습니다.

2-2 쌓기나무는 📦 모양입니다. 📦 모양은 잘 굴러가지 않습니다.

3-1 지우개 4개와 지우개 2개를 모으기 하면 지우개 6개입니다. ➡ 4와 2를 모으기 하면 6입니다.

3-2 색연필 8자루는 색연필 3자루와 색연필 5자루로 가르기 할 수 있습니다.
➡ 8은 3과 5로 가르기 할 수 있습니다.

1일 개념·원리 길잡이   50쪽~51쪽

활동 문제 50쪽

활동 문제 51쪽

(위에서부터)

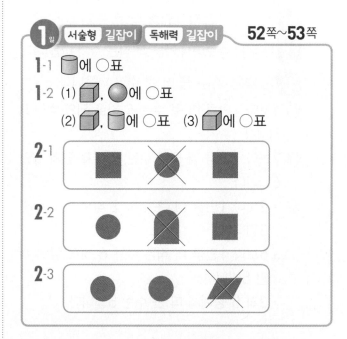

□ , ○ , ○

활동 문제 51쪽

각 모양을 손전등으로 비추면 손전등으로 비춘 방향에서 본 모양과 같은 모양의 그림자가 생깁니다.

• 📦 모양을 앞에서 본 모양은 ■ 모양입니다.

• 🥫 모양을 위에서 본 모양은 ● 모양입니다.

• ⚾ 모양을 옆에서 본 모양은 ● 모양입니다.

1일 서술형 길잡이 독해력 길잡이   52쪽~53쪽

1-1 🥫에 ○표

1-2 (1) 📦, ⚾에 ○표

(2) 📦, 🥫에 ○표   (3) 📦에 ○표

2-1 ■ ✕ ■

2-2 ● ✕ ■

2-3 ● ● ✕

1-1 진호가 가지고 있는 모양: 🥫 모양, 📦 모양

지선이가 가지고 있는 모양: ⚾ 모양, 🥫 모양

따라서 두 사람이 모두 가지고 있는 모양은 🥫 모양입니다.

1-2 (1) 야구공, 볼링공: ⚾ 모양

지우개, 주사위: 📦 모양

(2) 사전, 물감 상자: 📦 모양

저금통, 풀: 🥫 모양

(3) 두 사람이 모두 가지고 있는 모양은 📦 모양입니다.

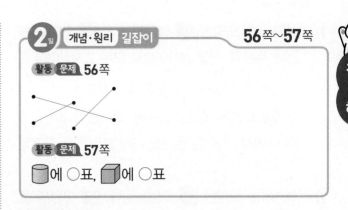

2-1 ⬛ 모양을 위, 앞, 옆에서 비추었을 때 반대쪽에 생기는 그림자 모양은 모두 ■ 모양입니다.

2-2 [구하려는 것] 손전등으로 비추었을 때 반대쪽에 생기는 그림자 모양이 아닌 것

[주어진 조건] 주어진 모양, 손전등을 비추는 방향

[해결 전략] 각 방향에서 비추었을 때 반대쪽에 생길 수 있는 그림자 모양을 생각해 봅니다.

⬚ 모양을 위에서 비추었을 때 반대쪽에 생기는 그림자 모양은 ● 모양이고, 앞과 옆에서 비추었을 때 반대쪽에 생기는 그림자 모양은 모두 ■ 모양입니다.

2-3 ● 모양을 위, 앞, 옆에서 비추었을 때 반대쪽에 생기는 그림자 모양은 모두 ● 모양입니다.

1일 사고력·코딩 　　　　　**54**쪽~**55**쪽

3 3, 4, 3　　　　**4** (　)(○)(　)

1 ⬚ 모양: 연필꽂이, 두루마리 휴지, 음료수 캔

2 물통, 탬버린, 풀, 컵, 음료수 캔: ⬚ 모양
농구공, 볼링공, 테니스공, 구슬, 축구공: ● 모양
주사위, 쌓기나무, 큐브, 체중계, 책: ⬛ 모양

3 ⬛ 모양: 쿠키 상자, 사전, 초콜릿 상자 ➡ 3개
⬚ 모양: 풀, 북, 저금통, 음료수 캔 ➡ 4개
● 모양: 야구공, 수박, 비치볼 ➡ 3개

4 통조림의 그림자: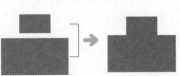
상자의 그림자:

2일 개념·원리 길잡이 　　　　**56**쪽~**57**쪽

[활동 문제] **56**쪽

[활동 문제] **57**쪽
⬚에 ○표, ⬛에 ○표

[활동 문제] **56**쪽

 모든 부분이 둥급니다.
➡ ● 모양

 평평한 부분과 뾰족한 부분이 있습니다.
➡ ⬛ 모양

 평평한 부분과 둥근 부분이 있습니다.
➡ ⬚ 모양

[활동 문제] **57**쪽

[모양 특징으로 찾기]

뾰족한 부분이 없는 모양은 ⬚ 모양과 ● 모양이고, 이 중 평평한 부분이 있는 것은 ⬚ 모양입니다.

[쌓고 굴리기로 찾기]

쌓을 수 있는 모양은 ⬛ 모양과 ⬚ 모양이고, 이 중 잘 굴러가지 않는 것은 ⬛ 모양입니다.

2일 서술형 길잡이 　독해력 길잡이 　**58**쪽~**59**쪽

1-1 2개

1-2 (1) ●에 ○표

(2)
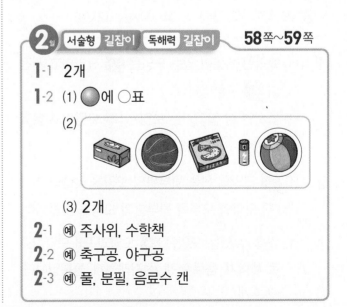

(3) 2개

2-1 예 주사위, 수학책

2-2 예 축구공, 야구공

2-3 예 풀, 분필, 음료수 캔

1-1 상자 안의 모양은 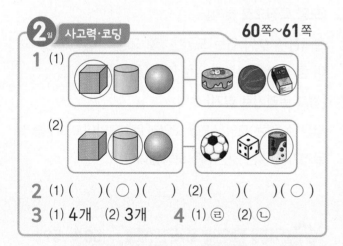 모양입니다. 모양의 물건은 주사위, 선물 상자이므로 모두 **2**개입니다.

1-2 (1) 상자 안의 모양은 ⬤ 모양입니다.

(2) ⬤ 모양의 물건은 농구공, 비치볼입니다.

(3) (2)에서 ○표 한 물건을 세어 보면 모두 **2**개입니다.

2-1 설명하는 모양은 모양입니다. 모양의 물건은 상자, 지우개 등이 있습니다.

2-2 〔구하려는 것〕 같은 모양의 물건 이름 쓰기

〔주어진 조건〕 모양에 대한 설명

〔해결 전략〕 ❶ 먼저 어떤 모양에 대한 설명인지 알아봅니다.

❷ 주변에서 같은 모양을 찾아봅니다.

설명하는 모양은 ⬤ 모양입니다. ⬤ 모양의 물건은 농구공, 구슬 등이 있습니다.

2-3 설명하는 모양은 모양입니다. 모양의 물건은 두루마리 휴지, 타이어 등이 있습니다.

② 사고력·코딩 60쪽~61쪽

2 (1) ( )(○)( )   (2) ( )( )(○)

3 (1) 4개   (2) 3개   **4** (1) ㉣   (2) ㉡

1 (1) 뾰족한 부분이 있는 모양은 모양이고 사전이 모양입니다.

(2) 눕히면 잘 굴러가는 모양은 모양이고 음료수 캔이 모양입니다.

2 (1) 모양의 왼쪽 윗부분의 모양을 찾습니다.

(2) 모양의 오른쪽 윗부분의 모양을 찾습니다.

3 (1) 쌓을 수 있는 모양은 모양과 모양이므로 세탁기, 음료수 캔, 전자레인지, 물통입니다.
➡ **4**개

(2) 굴릴 수 있는 모양은 모양과 ⬤ 모양이므로 음료수 캔, 볼링공, 물통입니다. ➡ **3**개

4 (1) 모양의 일부분이므로 모양의 물건을 찾으면 ㉣입니다.

(2) 모양의 일부분이므로 모양의 물건을 찾으면 ㉡입니다.

③ 개념·원리 길잡이 62쪽~63쪽

〔활동〕〔문제〕 **62**쪽

5에 ○표, 6에 ○표, 4에 ○표, 6, 4, 에 ○표, ⬤에 ○표

〔활동〕〔문제〕 **63**쪽

( )( )(○)

〔활동〕〔문제〕 **62**쪽

모양별로 이용한 개수를 비교하면 6이 가장 크고, 4가 가장 작습니다.

따라서 가장 많이 이용한 모양은 모양이고, 가장 적게 이용한 모양은 ⬤ 모양입니다.

〔활동〕〔문제〕 **63**쪽

〔보기〕는 모양 3개, 모양 2개, ⬤ 모양 2개입니다.

• 왼쪽 모양: 모양 5개, 모양 1개, ⬤ 모양 2개입니다. ➡ (×)

• 가운데 모양: 모양 3개, 모양 3개, ⬤ 모양 2개입니다. ➡ (×)

• 오른쪽 모양: 모양 3개, 모양 2개, ⬤ 모양 2개입니다. ➡ (○)

따라서 만들 수 있는 모양은 오른쪽 모양입니다.

③ 서술형 길잡이 독해력 길잡이 64쪽~65쪽

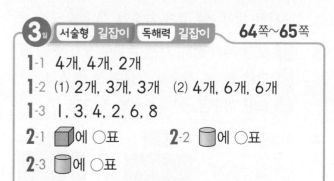

1-1 4개, 4개, 2개

1-2 (1) 2개, 3개, 3개   (2) 4개, 6개, 6개

1-3 1, 3, 4, 2, 6, 8

2-1 에 ○표   **2-2** 에 ○표

2-3 에 ○표

1-1 모양을 1개 만들려면 ▢ 모양 2개, ⬭ 모양 2개, ⚫ 모양 1개가 필요합니다.
따라서 모양을 2개 만들려면 ▢ 모양 4개, ⬭ 모양 4개, ⚫ 모양 2개가 필요합니다.

1-2 (1) 모양을 1개 만들려면 ▢ 모양 2개, ⬭ 모양 3개, ⚫ 모양 3개가 필요합니다.
(2) 모양을 2개 만들려면 ▢ 모양 4개, ⬭ 모양 6개, ⚫ 모양 6개가 필요합니다.

1-3 모양을 1개 만들려면 ▢ 모양 1개, ⬭ 모양 3개, ⚫ 모양 4개가 필요합니다.
따라서 모양을 2개 만들려면 ▢ 모양 2개, ⬭ 모양 6개, ⚫ 모양 8개가 필요합니다.

2-1 모양을 1개 만들려면 ▢ 모양 3개, ⬭ 모양 1개, ⚫ 모양 3개가 필요하므로 민서가 처음에 가지고 있던 모양은 ▢ 모양 4개, ⬭ 모양 1개, ⚫ 모양 3개입니다.
따라서 처음에 있던 모양의 개수를 비교하면 4가 가장 크므로 가장 많은 모양은 ▢ 모양입니다.

2-2 [구하려는 것] 처음에 가지고 있던 모양 중 가장 많은 모양
[주어진 조건] 만든 모양과 남은 모양의 수
[해결 전략] ❶ 먼저 모양을 만들 때 이용한 모양의 수를 알아봅니다.
❷ 처음에 가지고 있던 모양의 수를 구하고 비교합니다.
모양을 1개 만들려면 ▢ 모양 2개, ⬭ 모양 3개, ⚫ 모양 2개가 필요하므로 윤석이가 처음에 가지고 있던 모양은 ▢ 모양 2개, ⬭ 모양 4개, ⚫ 모양 2개입니다.
따라서 처음에 있던 모양의 개수를 비교하면 4가 가장 크므로 가장 많은 모양은 ⬭ 모양입니다.

2-3 모양을 1개 만들려면 ▢ 모양 5개, ⬭ 모양 3개, ⚫ 모양 3개가 필요하므로 유한이가 처음에 가지고 있던 모양은 ▢ 모양 5개, ⬭ 모양 3개, ⚫ 모양 4개입니다.
따라서 처음에 있던 모양의 개수를 비교하면 3이 가장 작으므로 가장 적은 모양은 ⬭ 모양입니다.

3일 사고력·코딩 66쪽~67쪽

1 ▢에 ○표 **2** 3개
3 ( )(○)( )( )(○)
4 ▢에 ○표, 3개
5
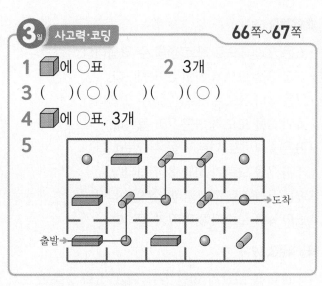

1 • 왼쪽 모양: ▢ 모양과 ⚫ 모양
• 오른쪽 모양: ▢ 모양과 ⬭ 모양
따라서 두 가지 모양을 만드는 데 모두 이용한 모양은 ▢ 모양입니다.

2 잘 쌓을 수 없는 모양은 ⚫ 모양입니다.
이용한 ⚫ 모양을 세어 보면 3개입니다.

3 ▢ 모양 2개, ⬭ 모양 6개, ⚫ 모양 2개로 만든 모양입니다. 따라서 ⬭ 모양을 6개로 가장 많이 이용했고 ⬭ 모양인 건전지와 연필꽂이에 ○표 합니다.

4 ▢ 모양 7개, ⬭ 모양 4개, ⚫ 모양 4개로 만든 모양입니다. 따라서 ▢ 모양 3개가 더 필요합니다.

5 ▭ 모양 1개, ╱ 모양 4개, ⚫ 모양 3개를 지나도록 길을 그립니다.

4일 개념·원리 길잡이 68쪽~69쪽

[활동 문제] 68쪽
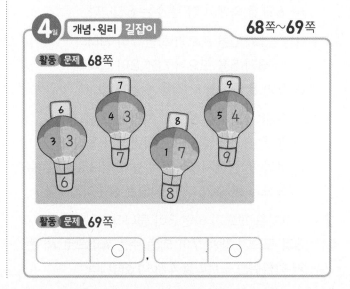

[활동 문제] 69쪽
	○		○

활동 문제 68쪽

- 6은 3과 3으로 가르기 할 수 있습니다.
  3과 3을 모으기 하면 6이 됩니다.
- 7은 4와 3으로 가르기 할 수 있습니다.
  4와 3을 모으기 하면 7이 됩니다.
- 8은 1과 7로 가르기 할 수 있습니다.
  1과 7을 모으기 하면 8이 됩니다.
- 9는 5와 4로 가르기 할 수 있습니다.
  5와 4를 모으기 하면 9가 됩니다.

활동 문제 69쪽

- 1과 4를 모으기 하면 5가 되고, 5와 2를 모으기
  하면 7이 됩니다.
  3과 3을 모으기 하면 6이 되고, 6과 2를 모으기
  하면 8이 됩니다. (○)
- 4와 2를 모으기 하면 6이 되고, 6과 2를 모으기
  하면 8이 됩니다.
  6과 2를 모으기 하면 8이 되고, 8과 1을 모으기
  하면 9가 됩니다. (○)

4일 서술형 길잡이 독해력 길잡이 70쪽~71쪽

1-1 ㉠	1-2 (1) 7, 8 (2) ㉠
1-3 (1) 8, 9 (2) 종운	2-1 4
2-2 3	2-3 5개

1-1 ㉠ 3과 3을 모으기 하면 6이 됩니다.
　　 ㉡ 4와 1을 모으기 하면 5가 됩니다.
　　 ➡ 6과 5 중에서 더 큰 수는 6입니다.

1-2 (1) ㉠ 1과 6을 모으기 하면 7이 됩니다.
　　　　 ㉡ 3과 5를 모으기 하면 8이 됩니다.
　　 (2) 7과 8 중에서 더 작은 수는 7입니다.

1-3 (1) 유림: 4와 4를 모으기 하면 8이 됩니다.
　　　　 종운: 3과 6을 모으기 하면 9가 됩니다.
　　 (2) 8과 9 중에서 더 큰 수는 9이므로 두 눈을
　　　　 모으기 한 수가 더 큰 사람은 종운입니다.

2-1 1과 2를 모으기 하면 3이 됩니다.
　　 3과 모으기 해서 7이 되는 수는 4이므로 세 번
　　 째 다람쥐는 도토리를 4개 먹었습니다.

2-2 **구하려는 것** 세 번째 고양이가 먹은 물고기의 수
　　 주어진 조건 전체 물고기의 수와 두 마리가 먹은 물고기의 수
　　 해결 전략 세 마리가 먹은 물고기의 수를 모두 모으기 하면 전
　　 체 물고기의 수가 되어야 합니다.
　　 2와 3을 모으기 하면 5가 됩니다.
　　 5와 모으기 해서 8이 되는 수는 3이므로 세 번
　　 째 고양이는 물고기를 3마리 먹었습니다.

2-3 첫 번째 둥지에 알이 3개, 두 번째 둥지에 알이
　　 1개 있습니다.
　　 3과 1을 모으기 하면 4가 됩니다.
　　 4와 모으기 해서 9가 되는 수는 5이므로 어미
　　 새가 품고 있는 알은 5개입니다.

4일 사고력·코딩 72쪽~73쪽

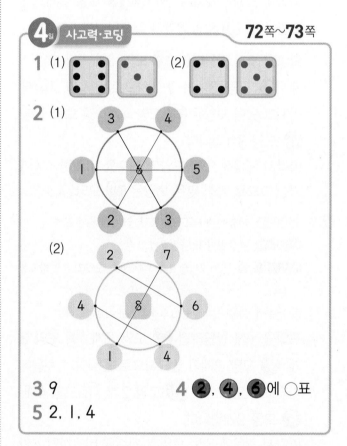

3 9
4 2, 4, 6에 ○표
5 2, 1, 4

1 (1) 6과 모으기 하여 9가 되는 수는 3입니다.
　 (2) 4와 모으기 하여 9가 되는 수는 5입니다.

2 (1) 3과 3을 모으기 하면 6이 됩니다.
　　 1과 5를 모으기 하면 6이 됩니다.
　　 2와 4를 모으기 하면 6이 됩니다.
　 (2) 2와 6을 모으기 하면 8이 됩니다.
　　 4와 4를 모으기 하면 8이 됩니다.
　　 1과 7을 모으기 하면 8이 됩니다.

3

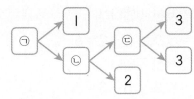

㉢을 3과 3으로 가르기 한 것이므로 3과 3을 모으기 하면 ㉢ 6입니다.

㉡을 6과 2로 가르기 한 것이므로 6과 2를 모으기 하면 ㉡ 8입니다.

㉠을 1과 8로 가르기 한 것이므로 1과 8을 모으기 하면 ㉠ 9입니다.

4

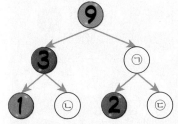

9는 3과 6으로 가르기 할 수 있으므로 ㉠ 6입니다.

3은 1과 2로 가르기 할 수 있으므로 ㉡ 2입니다.

6은 2와 4로 가르기 할 수 있으므로 ㉢ 4입니다.

5 세 명이 먹은 사탕의 수가 모두 다르므로 7을 서로 다른 세 수로 가르기 합니다.

7을 서로 다른 세 수로 가르기 하면 1, 2, 4입니다.

부길이가 가장 적게 먹었고, 용태가 현미보다 많이 먹었으므로 적게 먹은 순서로 이름을 쓰면 부길, 현미, 용태입니다.

따라서 부길이가 1개, 현미가 2개, 용태가 4개 먹었습니다.

5일 개념·원리 길잡이　　**74**쪽~**75**쪽

활동 문제 **74**쪽

(왼쪽에서부터) 7, 2, 9 또는 2, 7, 9 /
4, 3, 7 또는 3, 4, 7 / 5, 4, 9 또는 4, 5, 9

활동 문제 **75**쪽

(왼쪽에서부터) 1, 3, 4 또는 3, 1, 4 /
1, 7, 8 또는 7, 1, 8 / 2, 5, 7 또는 5, 2, 7

활동 문제 **74**쪽

(왼쪽에서부터)

- 1, 2, 7 중 가장 큰 수는 7이고 둘째로 큰 수는 2입니다. ➡ 7+2=9 또는 2+7=9
- 4, 3, 2 중 가장 큰 수는 4이고 둘째로 큰 수는 3입니다. ➡ 4+3=7 또는 3+4=7
- 1, 4, 5 중 가장 큰 수는 5이고 둘째로 큰 수는 4입니다. ➡ 5+4=9 또는 4+5=9

활동 문제 **75**쪽

(왼쪽에서부터)

- 3, 1, 6 중 가장 작은 수는 1이고 둘째로 작은 수는 3입니다. ➡ 1+3=4 또는 3+1=4
- 9, 1, 7 중 가장 작은 수는 1이고 둘째로 작은 수는 7입니다. ➡ 1+7=8 또는 7+1=8
- 5, 8, 2 중 가장 작은 수는 2이고 둘째로 작은 수는 5입니다. ➡ 2+5=7 또는 5+2=7

5일 서술형 길잡이　독해력 길잡이　　**76**쪽~**77**쪽

1-1 6, 3, 9 또는 3, 6, 9

1-2 (1) 큰에 ○표, 큰에 ○표
　　 (2) 4, 3, 7 또는 3, 4, 7

1-3 (1) 작은에 ○표, 작은에 ○표
　　 (2) 2, 5, 7 또는 5, 2, 7

2-1 4, 3, 7 또는 3, 4, 7 ; 7자루

2-2 3, 6, 9 또는 6, 3, 9 ; 9명

2-3 7장

1-1 2, 3, 6, 1 중에서 가장 큰 수는 6이고 둘째로 큰 수는 3입니다.
➡ 6+3=9 또는 3+6=9

1-2 (2) 3, 4, 1, 2 중에서 가장 큰 수는 4이고 둘째로 큰 수는 3입니다.
➡ 4+3=7 또는 3+4=7

1-3 (2) 7, 2, 5, 8 중에서 가장 작은 수는 2이고 둘째로 작은 수는 5입니다.
➡ 2+5=7 또는 5+2=7

2-1 (현애의 연필 수)=(민수의 연필 수)+3
=4+3=7(자루)

2-2 〔구하려는 것〕 여자 어린이 수

〔주어진 조건〕 남자 어린이 수, 여자 어린이 수는 남자 어린이 수보다 6명 더 많음

〔해결 전략〕 더 많다, ■보다 ▲만큼 더 큰 수, ■와 ▲의 합, ■와 ▲를 더하면 등이 문장에 있으면 덧셈을 이용합니다.

(여자 어린이 수)=(남자 어린이 수)+6
=3+6=9(명)

2-3 (가지고 있던 색종이 수)
=(파랑 색종이 수)+(분홍 색종이 수)
=1+3=4(장)

(오늘 산 색종이 수)
=(파랑 색종이 수)+(분홍 색종이 수)
=2+1=3(장)

➡ (민정이가 지금 가지고 있는 색종이 수)
=(가지고 있던 색종이 수)+(오늘 산 색종이 수)
=4+3=7(장)

5월 **사고력·코딩**   78쪽~79쪽

1 (1) 9, 7   (2) 二, 一
2 (1) 5, 4, 9 또는 4, 5, 9
 (2) 2, 3, 5 또는 3, 2, 5
3 6
4 (1) 2, 4, 6 또는 4, 2, 6
 (2) 3, 5, 8 또는 5, 3, 8

---

1 (1) 3+6=9, 5+2=7
 (2) 3과 더해서 5가 되는 수는 2입니다.
 6과 더해서 7이 되는 수는 1입니다.
2 (1) 4, 2, 3, 5 중에서 가장 큰 수는 5이고 둘째로 큰 수는 4입니다.
 ➡ 5+4=9 또는 4+5=9
 (2) 4, 2, 3, 5 중에서 가장 작은 수는 2이고 둘째로 작은 수는 3입니다.
 ➡ 2+3=5 또는 3+2=5
3 ①➡④, ②➡⑤, ⑥➡⑨이므로 나오는 수는 넣은 수보다 3만큼 더 큰 수입니다.
 ③을 넣으면 3+3=6이므로 ⑥이 나옵니다.

---

4 (1) 2와 4가 겹쳐진 것입니다.
 ➡ 2+4=6 또는 4+2=6
 (2) 3과 5가 겹쳐진 것입니다.
 ➡ 3+5=8 또는 5+3=8

2주 특강   창의·융합·코딩   80쪽~85쪽

1 예

2

3 (왼쪽에서부터) 1, 7, 6 ; 2, 6, 4
4
5 5개
6
7 4개
8 6개
9 ㅁ

1 🟫 모양: 텔레비전, 세탁기, 냉장고, 라면 상자,
　　선물 상자

　🔵 모양: 두루마리 휴지, 과일 통조림, 딸기잼 통,
　　타이어

　⚫ 모양: 지구 모형, 볼링공, 축구공, 수박, 멜론

2 🟫 모양, ⚫ 모양, 🔵 모양의 순서대로 길을 따라갑니다.

3
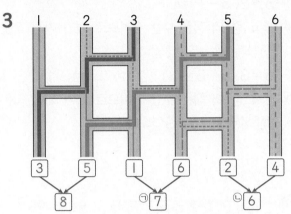

　㉠ 1과 6을 모으기 하면 7이 됩니다.
　㉡ 2와 4를 모으기 하면 6이 됩니다.

4 🔵 모양을 위와 앞에서 본 모양은 ⬤ 모양과 ■
모양입니다.
　🟫 모양을 위와 앞에서 본 모양은 모두 ■ 모양
입니다.
　⚫ 모양을 위와 앞에서 본 모양은 모두 ⬤ 모양
입니다.

5 아버지께서 사 오신 붕어빵은 민서가 먹은 3개와
동생이 먹은 2개를 더한 3+2=5(개)입니다.

6 ▲ 모양의 문에는 △ 모양이, ■ 모양의 문에는
🟫 모양이, ● 모양의 문에는 ⚫ 모양이 들어갈
수 있습니다.

7 (전체 사탕의 수)=2+6=8(개)
8을 똑같은 두 수로 가르기 하면 4와 4로 가를
수 있습니다. 따라서 주머니 한 개에 사탕을 4개
씩 담아야 합니다.

8 5는 1과 4로 가르기 할 수 있으므로 세인이의
펼치지 않은 손에 있는 공깃돌은 4개입니다.
5는 3과 2로 가르기 할 수 있으므로 민준이의
펼치지 않은 손에 있는 공깃돌은 2개입니다.

4와 2를 모으기 하면 6이므로 세인이와 민준이
의 펼치지 않은 손에 있는 공깃돌을 모으기 하면
모두 6개입니다.

9 조건 ①에 맞는 모양은 ㉠, ㉢, ㉥입니다.
이 중에서 조건 ②에 맞는 모양은 ㉠, ㉥입니다.
마지막으로 조건 ③에 맞는 모양은 ㉥입니다.

누구나 100점 TEST **86쪽~87쪽**

1 5, 4, 9 또는 4, 5, 9
2 2, 6, 8 또는 6, 2, 8
3 ⚫에 ○표　　　**4** 3개
5 8개, 4개, 4개　　**6** 예 탁구공, 배구공
7 ㉡
8 6, 2, 8 또는 2, 6, 8 ; 8자루

1 1, 5, 3, 4 중에서 가장 큰 수는 5이고, 둘째로
큰 수는 4입니다. ➡ 5+4=9 또는 4+5=9

2 2, 7, 6, 9 중에서 가장 작은 수는 2이고, 둘째로
작은 수는 6입니다. ➡ 2+6=8 또는 6+2=8

3 찬빈이가 가지고 있는 모양: 🔵 모양, ⚫ 모양
유나가 가지고 있는 모양: ⚫ 모양, 🟫 모양
따라서 두 사람이 모두 가지고 있는 모양은 ⚫ 모
양입니다.

4 상자 안의 모양은 🔵 모양입니다. 🔵 모양의 물건
은 페인트 통, 김밥, 케이크이므로 모두 3개입니다.

5 모양을 1개 만들려면 🟫 모양 4개, 🔵 모양 2개,
⚫ 모양 2개가 필요합니다.
따라서 모양을 2개 만들려면 🟫 모양 8개, 🔵
모양 4개, ⚫ 모양 4개가 필요합니다.

6 설명하는 모양은 ⚫ 모양입니다.
⚫ 모양의 물건은 수박, 볼링공 등이 있습니다.

7 ㉠ 4와 3을 모으기 하면 7이 됩니다.
㉡ 2와 7을 모으기 하면 9가 됩니다.
7과 9 중에서 더 큰 수는 9입니다.

8 (시원이의 색연필 수)=(정희의 색연필 수)+2
　　　　　　　　　　=6+2=8(자루)

3주

이번 주에는 무엇을 공부할까? ❷   90쪽~91쪽

1-1 (1) 4 (2) 4   1-2 (1) 빼기 (2) 차
2-1 (1) 4 (2) 6   2-2 (1) 8 (2) 0
3-1 ( )   3-2 ( )
    (△)   (○)
                       ( )
4-1 (△)( )   4-2 ( )( )(○)
5-1 ( )(△)   5-2 ( )(○)( )

2-1 (1) 0+■=■   (2) ■+0=■

2-2 (1) ■-0=■   (2) ■-■=0

3-1 왼쪽 끝이 맞추어져 있으므로 오른쪽 끝이 더 적게 나온 풀이 가위보다 더 짧습니다.

3-2 왼쪽 끝이 맞추어져 있으므로 오른쪽으로 가장 많이 나온 대파가 가장 깁니다.

4-1 겹쳐 보았을 때 남는 부분이 없는 수첩이 스케치북보다 더 좁습니다.

4-2 겹쳐 보았을 때 남는 부분이 가장 많은 500원짜리 동전이 가장 넓습니다.

5-1 직접 들어 보면 귤을 들 때 힘이 더 적게 듭니다.

5-2 직접 들어 보면 전자레인지가 가장 무겁습니다.

1일 개념·원리 길잡이   92쪽~93쪽

활동 문제 92쪽
(왼쪽에서부터) 8, 4, 4 ; 6, 1, 5 ; 9, 3, 6

활동 문제 93쪽
(왼쪽에서부터) 4, 3, 1 ; 7, 5, 2 ; 9, 6, 3

활동 문제 92쪽
(왼쪽에서부터)

• 4, 5, 8 중 가장 큰 수는 8이고 가장 작은 수는 4입니다. ➡ 8-4=4

• 6, 2, 1 중 가장 큰 수는 6이고 가장 작은 수는 1입니다. ➡ 6-1=5

• 7, 3, 9 중 가장 큰 수는 9이고 가장 작은 수는 3입니다. ➡ 9-3=6

활동 문제 93쪽
(왼쪽에서부터)

• 8-4=4, 4-3=1
  ➡ 4, 1 중 더 작은 수는 1이므로 차가 가장 작은 뺄셈식은 4-3=1입니다.

• 7-5=2, 5-1=4
  ➡ 2, 4 중 더 작은 수는 2이므로 차가 가장 작은 뺄셈식은 7-5=2입니다.

• 9-6=3, 6-2=4
  ➡ 3, 4 중 더 작은 수는 3이므로 차가 가장 작은 뺄셈식은 9-6=3입니다.

1일 서술형 길잡이 독해력 길잡이   94쪽~95쪽

1-1 8, 2, 6
1-2 (1) 큰에 ○표, 작은에 ○표 (2) 7, 1, 6
1-3 (1) ○ (2) 5, 4, 1
2-1 9, 2, 7 ; 7마리   2-2 7, 1, 6 ; 6마리
2-3 준수네 모둠, 1명

1-1 8, 4, 2, 3 중에서 가장 큰 수는 8이고 가장 작은 수는 2입니다. ➡ 8-2=6

1-2 1, 5, 7, 6 중에서 가장 큰 수는 7이고 가장 작은 수는 1입니다. ➡ 7-1=6

1-3 (2) 9-5=4, 5-4=1, 4-2=2
    ➡ 4, 1, 2 중 가장 작은 수는 1이므로 차가 가장 작은 뺄셈식은 5-4=1입니다.

2-1 (돼지의 수)=(소의 수)-2=9-2=7(마리)

2-2 구하려는 것 호수에 남아 있는 백조의 수
    주어진 조건 처음에 있던 백조의 수, 날아간 백조의 수
    해결 전략 더 적다, ■보다 ▲만큼 더 작은 수, ■와 ▲의 차, ■에서 ▲를 빼면 등이 문장에 있으면 뺄셈을 이용합니다.
    (남아 있는 백조의 수)
    =(처음에 있던 백조의 수)-(날아간 백조의 수)
    =7-1=6(마리)

2-3 (준수네 모둠의 여학생 수)=7−3=4(명)
(연호네 모둠의 여학생 수)=8−5=3(명)
따라서 준수네 모둠의 여학생이 4−3=1(명) 더
많습니다.

1일 사고력·코딩   96쪽~97쪽

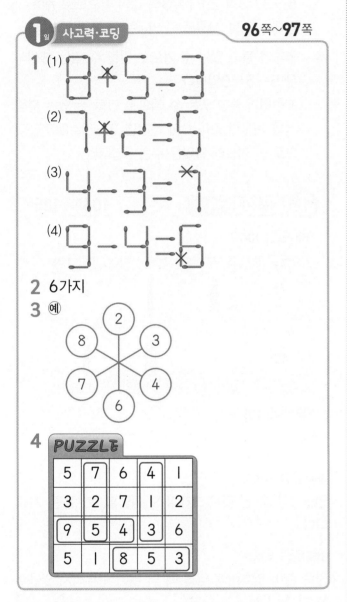

2 6가지

3 예

4 PUZZLE

---

1 (1) 8−5=3   (2) 7−2=5
(3) 4−3=1   (4) 9−4=5

2 4−1=3, 5−2=3, 6−3=3, 7−4=3,
8−5=3, 9−6=3이므로 모두 6가지입니다.

3 6−2=4, 7−3=4, 8−4=4입니다.
마주 보는 곳에 2와 6, 3과 7, 4와 8을 써넣었
으면 정답입니다.

4 가로 방향: 9−5=4, 8−5=3
세로 방향: 7−2=5, 4−1=3

2일 개념·원리 길잡이   98쪽~99쪽

활동 문제 98쪽
(위에서부터)
0, 3, 3 또는 3, 0, 3 ; 0, 4, 4 또는 4, 0, 4
; 6, 0, 6 또는 6, 6, 0 ; 9, 0, 9 또는 9, 9, 0

활동 문제 99쪽
(위에서부터)
2, 7, 9, 7, 2, 9 또는 7, 2, 9, 2, 7, 9
; 9, 2, 7, 9, 7, 2 또는 9, 7, 2, 9, 2, 7
; 3, 5, 8, 5, 3, 8 또는 5, 3, 8, 3, 5, 8
; 8, 3, 5, 8, 5, 3 또는 8, 5, 3, 8, 3, 5

활동 문제 98쪽
0, ■, ■으로 만들 수 있는 덧셈식과 뺄셈식
➡ 0+■=■, ■+0=■, ■−0=■, ■−■=0

2일 서술형 길잡이 독해력 길잡이   100쪽~101쪽

1-1 ⓒ   **1**-2 (1) 7, 0   (2) ㉠
1-3 (1) 3, 0, 2   (2) ⓒ
2-1 −, +   **2**-2 +, −
2-3 +, −

1-1 ㉠ 0+(어떤 수)=(어떤 수)이므로 0+8=8입
니다.
ⓒ (어떤 수)+0=(어떤 수)이므로 9+0=9입
니다.
8과 9 중에서 더 큰 수는 9입니다.

1-2 (1) ㉠ (어떤 수)−0=(어떤 수)이므로 7−0=7
입니다.
ⓒ (전체)−(전체)=0이므로 6−6=0입니다.
(2) 7과 0 중에서 더 큰 수는 7입니다.

1-3 (1) ㉠ (어떤 수)+0=(어떤 수)이므로 3+0=3
입니다.
ⓒ (전체)−(전체)=0이므로 5−5=0입니다.
ⓒ 0+(어떤 수)=(어떤 수)이므로 0+2=2
입니다.
(2) 3, 0, 2 중에서 가장 작은 수는 0입니다.

2-1 7과 1로 덧셈식을 만들면 7+1=8, 뺄셈식을 만들면 7−1=6입니다.
5와 1로 덧셈식을 만들면 5+1=6, 뺄셈식을 만들면 5−1=4입니다.
7−1=6과 5+1=6의 값이 같으므로 왼쪽 ○ 안에는 −를, 오른쪽 ○ 안에는 +를 써넣습니다.

2-2 구하려는 것 ○ 안에 알맞은 기호
주어진 조건 두 주머니의 식을 계산한 값이 같음
해결 전략 주어진 두 수를 이용하여 만들 수 있는 덧셈식과 뺄셈식을 모두 만들어 봅니다.
3과 1로 덧셈식을 만들면 3+1=4, 뺄셈식을 만들면 3−1=2입니다.
6과 2로 덧셈식을 만들면 6+2=8, 뺄셈식을 만들면 6−2=4입니다.
3+1=4와 6−2=4의 값이 같으므로 왼쪽 ○ 안에는 +를, 오른쪽 ○ 안에는 −를 써넣습니다.

2-3 4와 3으로 덧셈식을 만들면 4+3=7, 뺄셈식을 만들면 4−3=1입니다.
8과 1로 덧셈식을 만들면 8+1=9, 뺄셈식을 만들면 8−1=7입니다.
4+3=7과 8−1=7의 값이 같으므로 왼쪽 ○ 안에는 +를, 오른쪽 ○ 안에는 −를 써넣습니다.

2일 사고력·코딩 **102**쪽~**103**쪽

1 0장　　　　　**2** 2
3 −, +　　　　**4** 3

1 잠자리의 날개는 4장이고, 벌의 날개는 4장이므로 날개 수의 차는 4−4=0(장)입니다.

2

```
[ 1 ]  ➡  [ ㉠ ]  ➡  [ ㉡ ]
출발                      ⬇
[ ㉢ ]  ⬅  [ ㉣ ]  ⬅  [ ㉢ ]
⬇
[ ㉾ ]  ➡  [ ㉦ ]  ➡  [ ★ ]
```

㉠ 1+2=3　㉡ 3−3=0　㉢ 0+2=2
㉣ 2+2=4　㉤ 4+2=6　㉾ 6−3=3
㉦ 3+2=5　★ 5−3=2

---

3 6과 3으로 덧셈식을 만들면 6+3=9, 뺄셈식을 만들면 6−3=3입니다.
2와 1로 덧셈식을 만들면 2+1=3, 뺄셈식을 만들면 2−1=1입니다.
6−3=3과 2+1=3의 값이 같으므로 왼쪽 ○ 안에는 −를, 오른쪽 ○ 안에는 +를 써넣습니다.

4 연후가 들고 있는 수 카드로 만들 수 있는 뺄셈식은 5−5=0입니다.
지현이가 들고 있는 수 카드로 만들 수 있는 뺄셈식을 계산한 값이 0이 되려면 3−3=0이면 되므로 빈 카드에 알맞은 수는 3입니다.

3일 개념·원리 길잡이　　　　**104**쪽~**105**쪽

활동 문제 **104**쪽

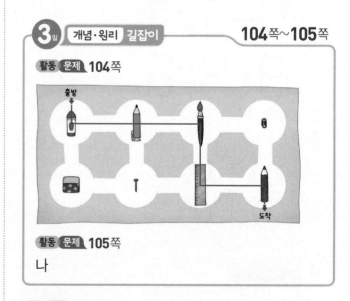

활동 문제 **105**쪽

나

활동 문제 **104**쪽

연필보다 더 긴 것은 크레파스, 색연필, 붓, 볼펜, 자입니다.

활동 문제 **105**쪽

양쪽 끝이 맞추어져 있을 때 더 많이 구부러져 있을수록 더 깁니다.
따라서 가장 강한 마법을 부리는 뱀은 나입니다.

3일 서술형 길잡이　독해력 길잡이　**106**쪽~**107**쪽

1-1 크레파스
1-2 (1) 7칸, 9칸, 8칸　(2) 긴에 ○표
　　(3) ㉡, ㉢, ㉠
2-1 ㉠　　　　　　　**2**-2 ㉡
2-3 ㉡, ㉠, ㉢

1-1 크레파스의 길이와 풀의 길이를 각각 칸 수로 세어 보면 크레파스는 8칸, 풀은 6칸입니다.
8이 더 큰 수이므로 길이가 더 긴 것은 크레파스입니다.

1-2 (1) 세 연필의 길이를 각각 칸 수로 세어 보면
㉠ 7칸, ㉡ 9칸, ㉢ 8칸입니다.
(2) 칸 수가 더 많은 연필이 더 긴 연필입니다.
(3) 7, 9, 8 중 가장 큰 수는 9이고 가장 작은 수는 7이므로 ㉡, ㉢, ㉠입니다.

2-1 통에 리본을 감은 횟수는 ㉠ 4번, ㉡ 2번입니다.
4, 2 중 더 큰 수는 4이므로 통에 감긴 리본의 길이가 더 긴 것은 ㉠입니다.

2-2 구하려는 것 감긴 리본의 길이가 더 긴 것
주어진 조건 통에 리본을 감은 그림
해결 전략 통에 리본을 감은 횟수가 각각 몇 번인지 세어서 비교합니다.
통에 리본을 감은 횟수는 ㉠ 3번, ㉡ 5번입니다.
3, 5 중 더 큰 수는 5이므로 통에 감긴 리본의 길이가 더 긴 것은 ㉡입니다.

2-3 통에 끈을 감은 횟수는 ㉠ 5번, ㉡ 6번, ㉢ 4번입니다.
5, 6, 4 중 가장 큰 수는 6이고 가장 작은 수는 4입니다.
따라서 통에 감긴 끈의 길이가 긴 것부터 차례로 쓰면 ㉡, ㉠, ㉢입니다.

---

③일 **사고력·코딩** 108쪽~109쪽

1 예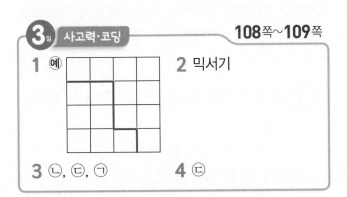

2 믹서기

3 ㉡, ㉢, ㉠

4 ㉢

1 보기 의 굵은 선의 길이는 5칸입니다.
따라서 5칸보다 더 긴 선을 그으면 됩니다.

---

2 코드 줄의 길이가 길수록 멀리 떨어진 곳에서 사용할 수 있습니다. 따라서 가장 멀리 떨어진 곳에서 사용할 수 있는 것은 믹서기입니다.

3 통의 굵기가 가늘수록 감은 끈의 길이가 짧습니다.
끈을 감은 통의 굵기가 가는 것부터 차례로 쓰면 ㉡, ㉢, ㉠입니다.
따라서 통에 감긴 끈의 길이가 짧은 것부터 차례로 쓰면 ㉡, ㉢, ㉠입니다.

4 더 많이 굽은 길이 더 많이 걷고, 더 많이 구부러진 다리가 더 많이 걷습니다. 따라서 가장 많이 걷는 길로 가려면 ㉢ 다리를 건너야 합니다.

---

④일 개념·원리 길잡이 110쪽~111쪽

활동 문제 110쪽
3등

활동 문제 111쪽
(위에서부터) 가, 다, 나

활동 문제 110쪽
머리끝이 맞추어져 있으므로 아래쪽을 비교하면 가장 많이 내려가 있는 사람이 키가 가장 큽니다.
따라서 경미는 3등입니다.

활동 문제 111쪽
독수리의 둥지는 가장 높은 곳에 있는 가, 까치의 둥지는 가장 낮은 곳에 있는 다입니다.
참새의 둥지는 가와 다 사이에 있는 나입니다.

---

④일 서술형 길잡이 독해력 길잡이 112쪽~113쪽

1-1 연경

1-2 (1) 근우   (2) 현철   (3) 현철

1-3 (1) 수정   (2) 혜민   (3) 혜민

2-1 은진   **2-2** 슬아

2-3 휴대 전화

1-1 장훈이는 주엽이보다 키가 더 크고, 연경이는 장훈이보다 키가 더 크므로 키가 가장 큰 사람은 연경입니다.

1-2 (1) 근우가 진호보다 키가 더 큽니다.

(2) 현철이가 근우보다 키가 더 큽니다.

(3) 근우는 진호보다 키가 더 크고, 현철이는 근우보다 키가 더 크므로 키가 가장 큰 사람은 현철입니다.

1-3 (1) 수정이가 효선이보다 키가 더 작습니다.

(2) 혜민이가 수정이보다 키가 더 작습니다.

(3) 수정이는 효선이보다 키가 더 작고, 혜민이는 수정이보다 키가 더 작으므로 키가 가장 작은 사람은 혜민입니다.

2-1 은진이는 1+3=4(층)에 삽니다.

4층(은진), 3층(지훈), 1층(민아) 중 가장 높은 층은 4층입니다.

2-2 구하려는 것 가장 낮은 층에 살고 있는 사람

주어진 조건 경민이는 5층, 수진이는 2층에 살고 슬아는 경민이보다 4개 층 더 낮은 곳에 살고 있음

해결 전략 ❶ 슬아가 몇 층에 살고 있는지 알아봅니다.

❷ 세 사람이 살고 있는 층수를 비교합니다.

슬아는 5-4=1(층)에 삽니다.

5층(경민), 2층(수진), 1층(슬아) 중 가장 낮은 층은 1층입니다.

2-3 휴대 전화는 1+3=4(층)에서 팔고, 세제는 3-1=2(층)에서 팝니다.

4층(휴대 전화), 3층(모자), 2층(세제), 1층(쌀) 중 가장 높은 층은 4층입니다.

4일 사고력·코딩　　114쪽~115쪽

1 유진

2 (1) 경찰서, 우체국, 병원

(2) 병원, 우체국, 경찰서

3 누나　　　　　　　**4** 유라

---

1 블록 한 개의 크기가 같으므로 쌓은 층수를 비교합니다.

선애는 3층, 유진이는 4층, 민지는 1층으로 쌓았습니다.

3, 4, 1 중 가장 큰 수는 4이므로 가장 높게 쌓은 사람은 유진입니다.

---

2 (1) 장식장의 가장 높은 곳에 있는 건물은 경찰서이고, 가장 낮은 곳에 있는 건물은 병원입니다. 따라서 경찰서, 우체국, 병원입니다.

(2) 건물들의 위쪽 끝이 맞추어져 있으므로 아래쪽으로 많이 내려갈수록 높은 건물입니다.

가장 높은 건물은 병원이고, 가장 낮은 건물은 경찰서입니다.

따라서 병원, 우체국, 경찰서입니다.

3 키가 작은 순서대로 쓰면 지탁, 누나, 형, 엄마, 아빠입니다.

자신보다 키가 작은 사람이 1명 있는 사람은 누나입니다.

4 머리끝이 맞추어져 있으므로 발끝이 많이 내려갈수록 키가 큽니다. 따라서 키가 큰 순서대로 줄을 서면 (앞) 주헌-유라-성규-혜선 (뒤)이므로 앞에서 둘째에 서 있는 학생은 유라입니다.

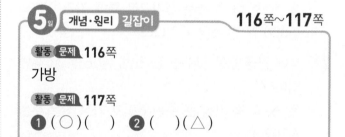

5일 개념·원리 길잡이　　116쪽~117쪽

활동 문제 116쪽

가방

활동 문제 117쪽

❶ (○)(　)　❷ (　)(△)

활동 문제 116쪽

고무줄은 무게가 무거울수록 많이 늘어납니다.

고무줄이 가장 많이 늘어난 가방이 가장 무겁습니다.

활동 문제 117쪽

그림보다 더 좁은 액자에는 그림을 넣을 수 없으므로 그림보다 더 넓은 액자를 골라야 합니다.

5일 서술형 길잡이　　독해력 길잡이　　118쪽~119쪽

1-1 지영

1-2 (1) 파란 공　(2) 노란 공　(3) 노란 공

(4) 노란 공, 파란 공, 빨간 공

2-1 고추　　　　　　**2**-2 배추

2-3 백합

1-1 혜진이와 시현이 중에서 시현이가 위로 올라갔으므로 시현이는 혜진이보다 더 가볍고, 지영이와 시현이 중에서 지영이가 위로 올라갔으므로 지영이는 시현이보다 더 가볍습니다.
따라서 지영이가 가장 가볍습니다.

1-2 (1) 파란 공이 위로 올라갔으므로 파란 공은 빨간 공보다 더 가볍습니다.
(2) 노란 공이 위로 올라갔으므로 노란 공은 빨간 공보다 더 가볍습니다.
(3) 노란 공이 위로 올라갔으므로 노란 공은 파란 공보다 더 가볍습니다.
(4) 파란 공이 빨간 공보다 더 가볍고, 노란 공이 파란 공보다 더 가벼우므로 노란 공, 파란 공, 빨간 공의 순서로 가볍습니다.

2-1 오이는 7칸, 가지는 5칸, 고추는 8칸이고 7, 5, 8 중 가장 큰 수는 8입니다.
따라서 가장 넓은 곳에 심은 채소는 고추입니다.

2-2 구하려는 것 가장 좁은 곳에 심은 채소
주어진 조건 채소별 텃밭에 심은 칸 수
해결 전략 채소별로 심은 부분의 넓이가 각각 몇 칸인지 세어서 비교합니다.
배추는 5칸, 무는 8칸, 당근은 7칸이고 5, 8, 7 중 가장 작은 수는 5입니다.
따라서 가장 좁은 곳에 심은 채소는 배추입니다.

2-3 튤립은 8칸, 장미는 7칸, 백합은 9칸이고 8, 7, 9 중 가장 큰 수는 9입니다.
따라서 가장 넓은 곳에 심은 꽃은 백합입니다.

5일 사고력·코딩 **120쪽~121쪽**

1 예
2 ㉡   **3** 은재
4

1 보기 의 모양의 칸 수는 3칸입니다. 면봉 8개로 칸 수가 3칸보다 더 많은 모양을 만들어 봅니다.

2 무거운 물건을 올려놓을수록 상자는 더 많이 찌그러집니다.
따라서 가장 무거운 물건을 담은 주머니는 ㉡입니다.

3

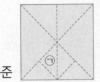

용준   은재
점선을 따라 오렸을 때 생기는 가장 작은 조각이 용준이는 ㉠, 은재는 ㉡입니다.
따라서 ㉠과 ㉡을 비교해 보면 은재의 조각인 ㉡이 더 넓습니다.

4 추가 무거울수록 늘어난 용수철의 길이가 더 깁니다.
따라서 늘어난 용수철의 길이가 가장 긴 것은 가장 무거운 추와 연결하고, 늘어난 용수철의 길이가 가장 짧은 것은 가장 가벼운 추와 연결합니다.

3주 특강 창의·융합·코딩 **122쪽~127쪽**

1 (위에서부터) 3, 1, 2, 2, 1, 0, 1
2

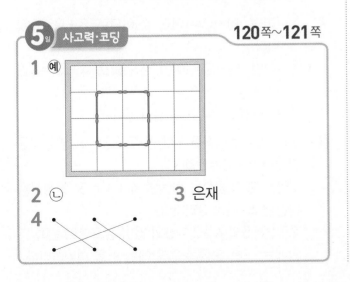

3 ㉡
4 예

5 소   **6** 7, 3
7 ❶ 은지 ❷ 경호 **8** ❶ 3개 ❷ 5개

1

ㄱ 3+0=3 ㄴ 0+1=1 ㄷ 5-3=2
ㄹ 3-1=2 ㅁ 3-2=1 ㅂ 2-2=0
ㅅ 1+0=1

2
· 안나의 머리카락이 더 깁니다.
· 안나의 젓가락이 더 깁니다.
· 안나의 식탁보가 더 넓습니다.

3 고무줄은 무게가 무거울수록 더 늘어납니다.
고무줄이 ㄱ보다 더 늘어난 것은 ㄴ입니다.

4 아래쪽 끝이 맞추어져 있으므로 위쪽을 우체국보
다는 더 높게, 병원보다는 더 낮게 그립니다.

5 소의 울타리가 닭의 울타리보다 더 넓습니다.

6 ⑦+2=9이므로 ☀️이 나타내는 수는 7입니다.
7-③=4이므로 🌙이 나타내는 수는 3입니다.

7 ❶ 한쪽 끝을 맞추어 포개어 보면 은지의 연이 가
장 넓습니다.
❷ 연실의 길이가 길수록 하늘로 더 높이 날릴 수
있습니다. 따라서 연을 가장 높이 날릴 수 있
는 사람은 경호입니다.

8 ❶ (사과 1개와 배 1개의 무게)
=(오렌지 7개의 무게)이므로
(사과 1개와 오렌지 4개의 무게)
=(오렌지 7개의 무게)입니다.
따라서 사과 1개의 무게는 오렌지 3개의 무
게와 같습니다.

❷ (파인애플 1개와 배 1개의 무게)
=(오렌지 9개의 무게)이므로
(파인애플 1개와 오렌지 4개의 무게)
=(오렌지 9개의 무게)입니다.
따라서 파인애플 1개의 무게는 오렌지 5개의
무게와 같습니다.

누구나 100점 TEST **128쪽~129쪽**

1 9, 4, 5		**2** 3, 2, 1	
3 8, 5, 3 ; 3마리		**4** 경민	
5 ㄱ		**6** 미영	
7 ㄴ		**8** -, +	

1 4, 7, 5, 9 중에서 가장 큰 수는 9이고, 가장 작
은 수는 4입니다. ➡ 9-4=5

2 8-6=2, 6-3=3, 3-2=1
➡ 2, 3, 1 중 가장 작은 수는 1이므로 차가 가
장 작은 뺄셈식은 3-2=1입니다.

3 (닭의 수)=(병아리의 수)-5=8-5=3(마리)

4 홍관이는 민수보다 더 무겁고, 경민이는 홍관이보
다 더 무겁습니다.
따라서 경민이가 가장 무겁습니다.

5 통에 리본을 감은 횟수는 ㄱ 5번, ㄴ 4번입니다.
5, 4 중 더 큰 수는 5이므로 통에 감긴 리본의
길이가 더 긴 것은 ㄱ입니다.

6 슬아는 은혜보다 키가 더 작고, 미영이는 슬아보
다 키가 더 작으므로 키가 가장 작은 사람은 미영
입니다.

7 ㄱ (어떤 수)+0=(어떤 수)이므로 3+0=3입
니다.
ㄴ (어떤 수)-0=(어떤 수)이므로 4-0=4입
니다.
3과 4 중에서 더 큰 수는 4입니다.

8 7과 2로 덧셈식을 만들면 7+2=9, 뺄셈식을
만들면 7-2=5입니다.
4와 1로 덧셈식을 만들면 4+1=5, 뺄셈식을
만들면 4-1=3입니다.
7-2=5와 4+1=5의 값이 같으므로 왼쪽 ○
안에는 -를, 오른쪽 ○ 안에는 +를 써넣습니다.

4주

이번 주에는 무엇을 공부할까? ❷   **132**쪽~**133**쪽

1-1 10   **1**-2 10

2-1 (1) 30 ; 삼십, 서른   (2) 40 ; 사십, 마흔

2-2 (1) 26 ; 이십육, 스물여섯

     (2) 38 ; 삼십팔, 서른여덟

3-1 작습니다에 ○표   **3**-2 큽니다에 ○표

4-1 (1) 22에 ○표   (2) 45에 ○표

4-2 (1) 38에 △표   (2) 23에 △표

3-1 10개씩 묶음의 수를 비교하면 3이 4보다 작으므로 39는 44보다 작습니다.

3-2 10개씩 묶음의 수를 비교하면 3으로 같으므로 낱개의 수를 비교합니다.

5가 3보다 크므로 35는 33보다 큽니다.

4-1 (1) 10개씩 묶음의 수를 비교하면 2가 1보다 크므로 22가 17보다 더 큰 수입니다.

(2) 10개씩 묶음의 수를 비교하면 4로 같으므로 낱개의 수를 비교합니다.

5가 1보다 크므로 45가 41보다 더 큰 수입니다.

4-2 (1) 10개씩 묶음의 수를 비교하면 3이 4보다 작으므로 38이 41보다 더 작은 수입니다.

(2) 10개씩 묶음의 수를 비교하면 2로 같으므로 낱개의 수를 비교합니다.

3이 9보다 작으므로 23이 29보다 더 작은 수입니다.

1일 개념·원리 길잡이   **134**쪽~**135**쪽

활동 문제 **134**쪽

두루미

활동 문제 **135**쪽

아빠

활동 문제 **134**쪽

두루미의 그릇이 여우의 그릇보다 더 큽니다.

따라서 수프를 더 많이 담을 수 있는 그릇은 두루미의 그릇입니다.

활동 문제 **135**쪽

담긴 물의 높이가 같으므로 그릇의 크기를 비교합니다.

아빠의 그릇이 가장 크므로 물을 가장 많이 받은 사람은 아빠입니다.

1일 서술형 길잡이 독해력 길잡이   **136**쪽~**137**쪽

1-1 ㉡

1-2 (1) ㉠에 ○표   (2) ㉠에 ○표

1-3 (1) ㉠에 ○표   (2) ㉠에 ○표

2-1 다혜   **2**-2 민서

2-3 수하

1-1 보기 의 그릇보다 더 큰 컵은 ㉡이므로 ㉡에 부었을 때 넘치지 않고 모두 담을 수 있습니다.

1-2 (2) 보기 의 그릇보다 더 큰 그릇은 ㉠이므로 ㉠에 부었을 때 넘치지 않고 모두 담을 수 있습니다.

1-3 (2) 보기 의 컵보다 더 작은 컵은 ㉠이므로 ㉠에 부었을 때 물이 넘치게 됩니다.

2-1 우유를 적게 남길수록 더 많이 마신 것입니다.

남은 우유의 양이 가장 적은 사람이 다혜이므로 우유를 가장 많이 마신 사람은 다혜입니다.

2-2 구하려는것 주스를 가장 적게 마신 사람

주어진 조건 같은 양의 주스를 따랐음. 준서, 윤우, 민서가 남긴 주스의 양

해결 전략 남은 주스가 많다는 것은 주스를 많이 마신 것인지, 적게 마신 것인지 생각해 봅니다.

주스를 많이 남길수록 더 적게 마신 것입니다.

남은 주스의 양이 가장 많은 사람이 민서이므로 주스를 가장 적게 마신 사람은 민서입니다.

2-3 음료수를 부은 컵이 작을수록 병에 남아 있는 음료수의 양이 더 많습니다.

수하의 컵에 음료수가 더 적게 들어가므로 수하의 병에 남아 있는 음료수의 양이 더 많습니다.

1일 사고력·코딩　138쪽~139쪽

1 (1) 큰 컵에 ○표, 작은 컵에 ○표
　　(2) 작은 컵에 ○표, 큰 컵에 ○표

2 (　)(○)　　　**3** 나

4 ㉡, ㉣, ㉠, ㉤, ㉢

---

1 (1) 물이 흘러 넘쳤으므로 더 큰 컵에 가득 담은 물을 더 작은 컵에 모두 부은 것입니다.
　(2) 물이 가득 차지 않았으므로 더 작은 컵에 가득 담은 물을 더 큰 컵에 모두 부은 것입니다.

2 물이 담기지 않은 부분이 더 큰 컵에 물이 더 적게 담겨 있는 것입니다.
물이 담기지 않은 부분을 비교하면 오른쪽 컵이 왼쪽 컵보다 더 큽니다.
따라서 물을 더 적게 담은 컵은 오른쪽 컵입니다.

3 가와 나는 그릇의 모양과 크기가 같으므로 물의 높이가 더 높은 나에 물이 더 많이 들어 있습니다.
나와 다는 물의 높이가 같으므로 그릇의 크기가 더 큰 나에 물이 더 많이 들어 있습니다.
따라서 박사님이 사용할 그릇은 나입니다.

4 물을 담은 병의 모양과 크기가 같으므로 물의 높이가 높을수록 더 낮은 음이 납니다.
따라서 물의 높이가 높은 병부터 순서대로 쓰면 ㉡, ㉣, ㉠, ㉤, ㉢입니다.

2일 개념·원리 길잡이　140쪽~141쪽

활동 문제 140쪽

(위에서부터) 8, 5, 7, 6

활동 문제 141쪽

활동 문제 140쪽

도로시: 2와 모으기 하여 10이 되는 수는 8입니다.
양철 나무꾼: 5와 모으기 하여 10이 되는 수는 5입니다.
사자: 3과 모으기 하여 10이 되는 수는 7입니다.
허수아비: 4와 모으기 하여 10이 되는 수는 6입니다.

활동 문제 141쪽

13(십삼, 열셋), 14(십사, 열넷), 16(십육, 열여섯), 17(십칠, 열일곱)

2일 서술형 길잡이 독해력 길잡이　142쪽~143쪽

1-1 10권　　　　**1**-2 (1) 10　(2) 10개
1-3 (1) 5　(2) 5개　**2**-1 14자루
2-2 16개　　　　**2**-3 18개

1-1 7과 3을 모으기 하면 10이 됩니다.
따라서 책꽂이에 꽂혀 있는 동화책은 모두 10권입니다.

1-2 (1) 4와 6을 모으기 하면 10이 됩니다.
　(2) 수진이가 어제와 오늘 먹은 초콜릿은 모두 10개입니다.

1-3 (1) 10은 5와 5로 가르기 할 수 있습니다.
　(2) 주머니 안에 남아 있는 구슬은 5개입니다.

2-1 색연필은 1통 샀으므로 10자루입니다.
볼펜은 2통 샀으므로 2+2=4(자루)입니다.
따라서 색연필 10자루와 볼펜 4자루는 모두 14자루입니다.

2-2 **구하려는 것** 참미 어머니가 산 감자와 고구마의 수
주어진 조건 한 상자에 들어 있는 감자와 고구마의 수, 산 감자와 고구마의 상자 수
해결 전략 10개씩 묶음 1개와 낱개 ▲개 인 수는 1▲입니다.
감자는 1상자 샀으므로 10개입니다.
고구마는 2상자 샀으므로 3+3=6(개)입니다.
따라서 감자 10개와 고구마 6개는 모두 16개입니다.

2-3 고추는 1봉지 샀으므로 10개입니다.
오이는 2봉지 샀으므로 4+4=8(개)입니다.
따라서 고추 10개와 오이 8개는 모두 18개입니다.

2일 사고력·코딩　144쪽~145쪽

1 열여섯에 ○표, 1, 6, 십육에 ○표
2 (1) 17번　(2) 19번
3 (위에서부터) ⸛, ⸝
4 (1) 민준　(2) 17, 18, 19

1 16개는 열여섯 개라고 읽고, 16일은 십육 일이라고 읽습니다.
16은 10개씩 묶음 1개와 낱개 6개입니다.

2 (1) 11부터 수를 순서대로 쓰면 11-12-13-14-15-16-17입니다.
따라서 주원이의 번호는 17번입니다.
(2) 주원이가 17번이고 뒤로 2명이 더 서 있으므로 17-18-19입니다.
따라서 맨 뒤에 서 있는 학생의 번호는 19번입니다.

3 옛날 마야 사람들은 점과 가로선으로 수를 나타내었는데 점 1개는 1을, 가로선 1개는 5를, 가로선 2개는 10을 나타냅니다.
13=3+10이므로 점 3개와 가로선 2개로 나타냅니다.
19=9+10이고 9는 점 4개와 가로선 1개, 10은 가로선 2개이므로 점 4개와 가로선 3개로 나타냅니다.

4 (1) 세인이가 16 다음의 수 2개인 17, 18을 말한다면 민준이가 그 다음 차례에 19를 말하게 되므로 민준이가 이깁니다.
(2) 17만 말하면 민준이가 18, 19를 말해서 이기게 되므로 17, 18, 19를 모두 말해야 세인이가 이깁니다.

3일 개념·원리 길잡이　146쪽~147쪽

활동 문제 146쪽
(위에서부터) 3, 5, 3, 4

활동 문제 147쪽

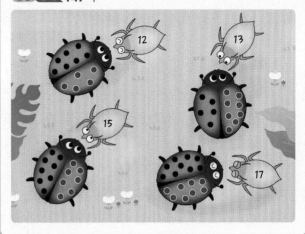

활동 문제 146쪽
(위에서부터)
• 9 다음의 수부터 이어 세면 10, 11, 12로 3개의 수를 이어 세었으므로 3입니다.
• 8 다음의 수부터 이어 세면 9, 10, 11, 12, 13으로 5개의 수를 이어 세었으므로 5입니다.
• 13 다음의 수부터 이어 세면 14, 15, 16으로 3개의 수를 이어서 세었으므로 3입니다.
• 15 다음의 수부터 이어 세면 16, 17, 18, 19로 4개의 수를 이어서 세었으므로 4입니다.

활동 문제 147쪽
(위에서부터)
• 12 앞의 수부터 7개의 수를 거꾸로 세면 11, 10, 9, 8, 7, 6, 5이므로 5입니다.
• 13 앞의 수부터 5개의 수를 거꾸로 세면 12, 11, 10, 9, 8이므로 8입니다.
• 15 앞의 수부터 8개의 수를 거꾸로 세면 14, 13, 12, 11, 10, 9, 8, 7이므로 7입니다.
• 17 앞의 수부터 9개의 수를 거꾸로 세면 16, 15, 14, 13, 12, 11, 10, 9, 8이므로 8입니다.

3일 서술형 길잡이　독해력 길잡이　148쪽~149쪽

1-1 12
1-2 (1) 6, 8　(2) 14
1-3 10, 6, 16
2-1 4권
2-2 5자루
2-3 11개
2-4 12개

1-1 11은 4와 7로 가르기 할 수 있으므로 ㉠ 7이고, 14는 9와 5로 가르기 할 수 있으므로 ㉡ 5입니다.

따라서 7과 5를 모으기 하면 12가 됩니다.

1-2 (1) 12는 6과 6으로 가르기 할 수 있으므로 ㉠ 6이고, 16은 8과 8로 가르기 할 수 있으므로 ㉡ 8입니다.

(2) 6과 8을 모으기 하면 14가 됩니다.

1-3 5와 5를 모으기 하면 10이므로 ㉠ 10이고, 13은 7과 6으로 가르기 할 수 있으므로 ㉡ 6입니다. 10과 6을 모으기 하면 16이 됩니다.

2-1 11을 두 수로 가르기 하면 (1, 10), (2, 9), (3, 8), (4, 7), (5, 6)입니다.

이 중에서 가르기 한 두 수의 차가 3인 경우는 (4, 7)입니다.

따라서 동화책은 4권입니다.

2-2 **구하려는 것** 색연필의 수

주어진 조건 색연필과 크레파스는 모두 14자루, 색연필이 크레파스보다 4자루 더 적음

해결 전략 14를 두 수로 가르기 한 것 중 가르기 한 두 수의 차가 4인 경우를 찾아봅니다.

14를 두 수로 가르기 하면 (1, 13), (2, 12), (3, 11), (4, 10), (5, 9), (6, 8), (7, 7)입니다.

이 중에서 가르기 한 두 수의 차가 4인 경우는 (5, 9)입니다.

따라서 색연필은 5자루입니다.

2-3 16을 두 수로 가르기 하면 (1, 15), (2, 14), (3, 13), (4, 12), (5, 11), (6, 10), (7, 9), (8, 8)입니다.

이 중에서 가르기 한 두 수의 차가 6인 경우는 (5, 11)입니다.

따라서 파란색 구슬은 11개입니다.

2-4 17을 두 수로 가르기 하면 (1, 16), (2, 15), (3, 14), (4, 13), (5, 12), (6, 11), (7, 10), (8, 9)입니다.

이 중에서 가르기 한 두 수의 차가 7인 경우는 (5, 12)입니다.

따라서 초콜릿은 12개입니다.

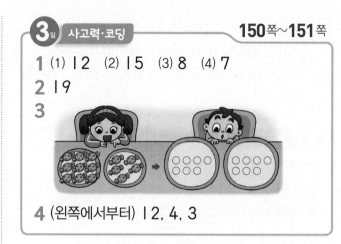

3일 사고력·코딩   **150쪽~151쪽**

1 (1) 12   (2) 15   (3) 8   (4) 7

2 19

3

4 (왼쪽에서부터) 12, 4, 3

1 (1) Ⅳ는 4를 나타내고 Ⅷ는 8을 나타냅니다.
4와 8을 모으기 하면 12가 됩니다.

(2) Ⅵ는 6을 나타내고 Ⅸ는 9를 나타냅니다.
6과 9를 모으기 하면 15가 됩니다.

(3) Ⅴ는 5를 나타냅니다.
13은 5와 8로 가르기 할 수 있습니다.

(4) Ⅸ는 9를 나타냅니다.
16은 9와 7로 가르기 할 수 있습니다.

2

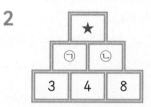

㉠ 3과 4를 모으기 하면 7이 됩니다.

㉡ 4와 8을 모으기 하면 12가 됩니다.

★ 7과 12를 모으기 하면 19가 됩니다.

3 윤지가 가지고 있는 사탕 9개와 동생이 가지고 있는 사탕 5개를 모으기 하면 14개가 됩니다.
14를 같은 수로 가르기 하면 7과 7이므로 두 접시에 ○를 각각 7개씩 그립니다.

4

㉠ 5와 모으기 하여 17이 되는 수는 12입니다.

㉡ 5와 8을 모으기 하면 13이 됩니다.
13과 모으기 하여 17이 되는 수는 4입니다.

㉢ 8과 6을 모으기 하면 14가 됩니다.
14와 모으기 하여 17이 되는 수는 3입니다.

4일 개념·원리 길잡이   152쪽~153쪽

활동 문제 152쪽

(위에서부터) 50, 47

활동 문제 153쪽

활동 문제 152쪽

아빠: 긴 초가 5개 있으므로 10개씩 묶음 5개와 같습니다. ➡ 50살

엄마: 긴 초가 4개, 짧은 초가 7개 있으므로 10개씩 묶음 4개와 낱개 7개와 같습니다. ➡ 47살

활동 문제 153쪽

순서대로 번호를 써 봅니다.

4일 서술형 길잡이 독해력 길잡이   154쪽~155쪽

1-1 10명

1-2 (1) 4개   (2) 1개   (3) 10권

1-3 (1) 5상자   (2) 50자루

2-1 2일   2-2 3일

2-3 4일   2-4 3일

1-1 30명은 10명씩 3모둠이므로 버스에 10명씩 3-2=1(모둠)이 더 탈 수 있습니다.
따라서 버스에 더 탈 수 있는 학생은 10명입니다.

1-2 (1) 40권은 10권씩 묶음으로 4개입니다.

(2) 4-3=1(개)

(3) 10권씩 묶음 1개는 10권입니다.

1-3 (1) 3+2=5(상자)

(2) 10자루씩 5상자이므로 모두 50자루입니다.

2-1 공원에 간 날짜가 원재는 14일, 15일, 16일, 17일이고 안나는 16일, 17일, 18일, 19일입니다.
따라서 두 사람 모두 공원에 간 날은 16일, 17일로 모두 2일입니다.

2-2 구하려는 것 두 사람 모두 수영장에 간 날수

주어진 조건 주원이와 서완이가 수영장에 간 날짜

해결 전략 날짜를 순서대로 써서 겹치는 날을 찾아봅니다.

수영장에 간 날짜가 주원이는 18일, 19일, 20일, 21일, 22일이고 서완이는 20일, 21일, 22일, 23일, 24일입니다.
따라서 두 사람 모두 수영장에 간 날은 20일, 21일, 22일로 모두 3일입니다.

2-3 학원에 간 날짜가 준서는 21일, 22일, 23일, 24일, 25일, 26일이고 찬빈이는 23일, 24일, 25일, 26일, 27일, 28일입니다.
따라서 두 사람 모두 학원에 간 날은 23일, 24일, 25일, 26일로 모두 4일입니다.

2-4 도서관에 간 날짜가 유나는 26일, 27일, 28일, 29일, 30일……이고 민서는 28일, 27일, 26일, 25일, 24일……입니다.
따라서 두 사람 모두 도서관에 간 날은 26일, 27일, 28일로 모두 3일입니다.

4일 사고력·코딩   156쪽~157쪽

1

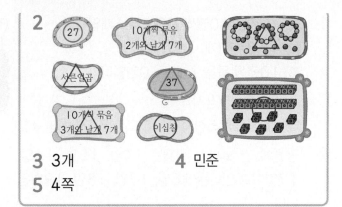

2

3 3개   **4** 민준

5 4쪽

1 순서대로 수를 써 봅니다.

2 수 모형, 10개씩 묶음 2개와 낱개 7개, 이십칠은 모두 27을 나타냅니다. ➡ ○표
구슬 그림, 10개씩 묶음 3개와 낱개 7개, 서른일곱은 모두 37을 나타냅니다. ➡ △표

3 보기 의 모양은 쌓기나무 10개로 만들었고 주어진 쌓기나무는 30개이므로 10개씩 묶으면 3묶음입니다.
따라서 보기 의 모양을 3개 만들 수 있습니다.

4 25는 10개씩 묶음 2개와 낱개 5개이므로 10명씩 2모둠을 만들고 5명이 남습니다.
따라서 바르게 말한 사람은 민준이입니다.

5 26쪽부터 31쪽까지 수를 순서대로 쓰면
26-27-28-29-30-31입니다.
따라서 찢어진 부분은 27쪽, 28쪽, 29쪽, 30쪽으로 모두 4쪽입니다.

5일 개념·원리 길잡이   **158**쪽~**159**쪽

활동 문제 **158**쪽

(위에서부터) 하, 루, 사, 고, 력

활동 문제 **159**쪽

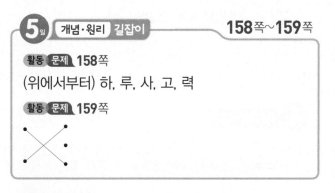

활동 문제 **158**쪽

(위에서부터)
· 16보다 1만큼 더 큰 수 ➡ 17(하)

· 42보다 1만큼 더 작은 수 ➡ 41(루)
· 35보다 1만큼 더 큰 수 ➡ 36(사)
· 29보다 1만큼 더 작은 수 ➡ 28(고)
· 49보다 1만큼 더 큰 수 ➡ 50(력)

활동 문제 **159**쪽

버스: 1, 3, 2를 큰 순서대로 쓰면 3, 2, 1이므로 만들 수 있는 가장 큰 몇십몇은 32입니다.

트럭: 3, 4, 1을 작은 순서대로 쓰면 1, 3, 4이므로 만들 수 있는 가장 작은 몇십몇은 13입니다.

5일 서술형 길잡이 독해력 길잡이   **160**쪽~**161**쪽

1-1 28

1-2 (1) 46   (2) 뒤에 ○표   (3) 47

1-3 (1) 39   (2) 앞에 ○표   (3) 38

2-1 수정   **2**-2 우종

2-3 은지

1-1 10개씩 묶음 2개와 낱개 7개인 수는 27입니다.
27보다 1만큼 더 큰 수이므로 27 바로 뒤의 수인 28입니다.

1-2 (1) 10개씩 묶음 4개와 낱개 6개인 수는 46입니다.
(2) 1만큼 더 큰 수는 수를 순서대로 썼을 때 바로 뒤의 수입니다.
(3) 46 바로 뒤의 수는 47입니다.

1-3 (1) 10개씩 묶음 3개와 낱개 9개인 수는 39입니다.
(2) 1만큼 더 작은 수는 수를 순서대로 썼을 때 바로 앞의 수입니다.
(3) 39 바로 앞의 수는 38입니다.

2-1 원호: 2, 1, 3을 큰 순서대로 쓰면 3, 2, 1이므로 만들 수 있는 가장 큰 몇십몇은 32입니다.
수정: 4, 1, 2를 큰 순서대로 쓰면 4, 2, 1이므로 만들 수 있는 가장 큰 몇십몇은 42입니다.
32와 42 중 더 큰 수는 42입니다.

2-2 <u>구하려는 것</u> 만든 몇십몇이 더 작은 사람

<u>주어진 조건</u> 우종이와 한미가 갖고 있는 수 카드

<u>해결 전략</u> 한 명씩 가장 작은 몇십몇을 만들어 봅니다.

우종: 3, 1, 5를 작은 순서대로 쓰면 1, 3, 5이므로 만들 수 있는 가장 작은 몇십몇은 13입니다.

한미: 2, 5, 3을 작은 순서대로 쓰면 2, 3, 5이므로 만들 수 있는 가장 작은 몇십몇은 23입니다.

13과 23 중 더 작은 수는 13입니다.

2-3 정범: 2, 4, 1을 큰 순서대로 쓰면 4, 2, 1이므로 만들 수 있는 가장 큰 몇십몇은 42입니다.

은지: 3, 2, 4를 큰 순서대로 쓰면 4, 3, 2이므로 만들 수 있는 가장 큰 몇십몇은 43입니다.

42와 43 중 더 큰 수는 43입니다.

5일 **사고력·코딩** **162**쪽~**163**쪽

1 (왼쪽에서부터) 24, 36 ; 24

2 (1) ⋒⋒ ||| (2) ⋒⋒⋒ ||||

3 3개

4

1 20보다 큰 수는 20 뒤에 있는 수이므로 24, 36입니다.

30보다 작은 수는 30 앞에 있는 수이므로 24 입니다.

2 (1) 3, 2, 4를 작은 순서대로 쓰면 2, 3, 4이므로 23입니다. ➡ ⋒ 2개, | 3개를 그립니다.

(2) 5, 4, 3을 작은 순서대로 쓰면 3, 4, 5이므로 34입니다. ➡ ⋒ 3개, | 4개를 그립니다.

3 17보다 1만큼 더 큰 수는 18이고, 23보다 1만큼 더 작은 수는 22입니다.

18, 19, 20, 21, 22이므로 18과 22 사이에 있는 수는 모두 3개입니다.

---

4 34와 31 중 34가 더 큽니다.
➡ 41과 45 중 45가 더 큽니다.
➡ 27과 18 중 27이 더 큽니다.
➡ 26과 33 중 33이 더 큽니다.
➡ 48과 35 중 48이 더 큽니다.
➡ 16과 13 중 16이 더 큽니다.

4주 특강 **창의·융합·코딩** **164**쪽~**169**쪽

3 ❶ 1, 21, 1, 21 ❷ 하품

4 ❶ 구보영 ❷ 우진서 ❸ 이상화

5 ❶ 22, 24 ❷ 30

6

① 1	② 3		
	③ 1	④ 4	
		⑤ 4	⑥ 2
			5

7 가, 나, 다 **8** 다

---

1 17 ➡ 십칠, 26 ➡ 스물여섯, 39 ➡ 삼십구, 48 ➡ 마흔여덟, 50 ➡ 오십

2 ㅣㅣ부터 ㅣ9까지, 2ㅣ부터 29까지 수를 차례로 이어 봅니다.

3 ② ㅣ3보다 ㅣ만큼 더 큰 수는 ㅣ4이므로 ㅎ, ㅣ4와 ㅣ6 사이의 수는 ㅣ5이므로 ㅏ입니다.
➡ 하
ㅣ4보다 ㅣ만큼 더 작은 수는 ㅣ3이므로 ㅍ, 스물하나는 2ㅣ이므로 ㅜ, 5는 ㅁ입니다.
➡ 품

4 ① ㅣ0개씩 묶음 ㅣ개와 낱개 9개인 수는 ㅣ9입니다. ➡ 구보영
② 20과 30 사이의 수는 ㅣ0개씩 묶음의 수가 2개인 27입니다. ➡ 우진서
③ 등 번호 중에서 ㅣ0개씩 묶음의 수가 가장 큰 수는 43과 45입니다.
43은 45보다 작으므로 둘째로 큰 수입니다.
➡ 이상화

5 ① 23은 22와 24 사이의 수입니다.
② 29 바로 뒤의 수는 30입니다.

6 ① ㅣ3 ② 3ㅣ ③ ㅣ4 ④ 44 ⑤ 42
⑥ 24가 ㅣ5보다 큽니다.
25가 ㅣ5보다 큽니다.
25가 24보다 큽니다.
➡ 가장 큰 수는 25입니다.

7 겹쳐 보았을 때 크기가 더 작은 그릇에 담을 수 있는 물의 양이 더 적습니다. 크기가 작은 그릇부터 쓰면 가, 나, 다이므로 그릇에 담을 수 있는 물의 양이 작은 것부터 쓰면 가, 나, 다입니다.

〔참고〕
가 그릇은 위로 갈수록 바닥에 닿은 면보다 좁아지므로 나 그릇보다 적게 담을 수 있고, 다 그릇은 위로 갈수록 바닥에 닿은 면보다 넓어지므로 나 그릇보다 많이 담을 수 있습니다.

8 나에서 작은 구슬을 꺼내면 물은 7-2=5(칸)이고, 다에서 큰 구슬을 꺼내면 물은 6-3=3(칸)입니다.
따라서 물의 높이가 가는 4칸, 나는 5칸, 다는 3칸이므로 물이 가장 적게 들어 있는 그릇은 다입니다.

누구나 100점 TEST   **170쪽~171쪽**

1 ㅣ0개	**2** ㅣ0명
3 40	**4** 유리
5 ㅣ9	**6** ㅣ9자루
7 6권	**8** 상훈

1 7과 3을 모으기 하면 ㅣ0이 됩니다.
따라서 규현이가 어제와 오늘 먹은 사탕은 모두 ㅣ0개입니다.

2 40명은 ㅣ0명씩 4모둠이므로 버스에 ㅣ0명씩 4-3=ㅣ(모둠)이 더 탈 수 있습니다.
따라서 버스에 더 탈 수 있는 학생은 ㅣ0명입니다.

3 ㅣ0개씩 묶음 3개와 낱개 9개인 수는 39입니다.
39보다 ㅣ만큼 더 큰 수는 39 바로 뒤의 수인 40입니다.

4 우유를 많이 남길수록 더 적게 마신 것입니다.
남은 우유의 양이 가장 많은 사람이 유리이므로 우유를 가장 적게 마신 사람은 유리입니다.

5 6과 5를 모으기 하면 ㅣㅣ이므로 ㉠ ㅣㅣ이고, ㅣ7은 9와 8로 가르기 할 수 있으므로 ㉡ 8입니다.
ㅣㅣ과 8을 모으기 하면 ㅣ9가 됩니다.

6 색연필은 ㅣ통 샀으므로 ㅣ0자루입니다.
볼펜은 3통 샀으므로 3+3+3=9(자루)입니다.
따라서 색연필 ㅣ0자루와 볼펜 9자루는 모두 ㅣ9자루입니다.

7 ㅣ3을 두 수로 가르기 하면 (ㅣ, ㅣ2), (2, ㅣㅣ), (3, ㅣ0), (4, 9), (5, 8), (6, 7)입니다.
이 중에서 가르기 한 두 수의 차가 ㅣ인 경우는 (6, 7)입니다.
따라서 동화책은 6권입니다.

8 현진: 3, 5, 2를 작은 순서대로 쓰면 2, 3, 5이므로 만들 수 있는 가장 작은 몇십몇은 23입니다.
상훈: ㅣ, 5, 4를 작은 순서대로 쓰면 ㅣ, 4, 5이므로 만들 수 있는 가장 작은 몇십몇은 ㅣ4입니다.
23과 ㅣ4 중 더 작은 수는 ㅣ4입니다.

정답은
이안에
있어!

기초 학습능력 강화 프로그램
매일 조금씩 공부력 UP!

국어
예비초~초6

수학
예비초~초6

영어
예비초~초6

**봄·여름
가을·겨울**

(바·슬·즐)
초1~초2

안전
초1~초2

사회·과학
초3~초6

배움으로 행복한 내일을 꿈꾸는
천재교육 커뮤니티 안내

. . .

교재 안내부터 구매까지 한 번에!
천재교육 홈페이지

천재교육 홈페이지에서는 자사가 발행하는 참고서,
교과서에 대한 소개는 물론 도서 구매도 할 수 있습니다.
회원에게 지급되는 별을 모아 다양한 상품 응모에도
도전해 보세요.

구독, 좋아요는 필수! 핵유용 정보 가득한
천재교육 유튜브 <천재TV>

신간에 대한 자세한 정보가 궁금하세요?
참고서를 어떻게 활용해야 할지 고민인가요?
공부 외 다양한 고민을 해결해 줄 채널이 필요한가요?
학생들에게 꼭 필요한 콘텐츠로 가득한 천재TV로 놀러 오세요!

다양한 교육 꿀팁에 깜짝 이벤트는 덤!
천재교육 인스타그램

천재교육의 새롭고 중요한 소식을 가장 먼저 접하고 싶다면?
천재교육 인스타그램 팔로우가 필수!
누구보다 빠르고 재미있게 천재교육의 소식을 전달합니다.
깜짝 이벤트도 수시로 진행되니 놓치지 마세요!